人生100年時代のらくちん投資

渋澤 健
中野晴啓
藤野英人

日経ビジネス人文庫

はじめに
人生100年時代だからこそ考えたい「長期投資」の意味

雇用も不安。年金も不安。長生きすることも不安。不安だらけの日本です。「貯蓄から投資」へと号令をかけられてはいるものの、生活者の多くはまだまだ動けずにいます。あなたもその1人ではないでしょうか。

投資と聞くと、「お金に余裕がある人のもの」「怖いもの」「難しいもの」とイメージしてしまう人が多いのではないかと思います。

しかし、それらはすべて誤解です。

「長期積み立て投資」なら、たった数千円からだって始められます。ガツガツとした勉強もいりません。手に汗かかず、楽しさや充実感を味わえます。まさに、「らくちん」な投資なのです。

本書は、この「長期積み立て投資」の魅力を皆さんに広くお伝えするために、独立系投資信託会社を立ち上げて生活者のための投資信託（投信）を運用してきたセゾン投信・中野晴啓、コモンズ投信・渋澤健、レオス・キャピタルワークス（ひふみ投信）・藤野英人の３人がまとめたものです。

私たちは、そんならくちんな投資を「草食系投資」と呼び、３人で「草食投資隊」を結成して、２０１０年から草食投資仲間を増やすべく地道な活動を続けてきました。

大変うれしいことに、仲間は年々、着実に増え続けています。２０１８年1月スタートの「つみたてＮＩＳＡ」では、私たちの投信が、金融庁が求める「継続して投資家に支持・選択され、規模が着実に拡大している」投信を選別する条件に合致すると認められ、**業界でも数少ないアクティブ運用系の「つみたてＮＩＳＡ対象商品」**となりました。

つみたてＮＩＳＡは、20歳以上で日本に住む人なら誰でも利用できるすばらしい制度です。私たちは、この制度のスタートを契機に、若者からシニアまで誰もが長期積み立て投資に踏み出せるよう、これまで以上に頑張っていきたいと思っています。

長期積み立て投資と聞くと、「若い人のための投資法だろう」と考える方もいらっしゃるでしょう。

実際、私たちがよく受ける質問の1つに「長期投資って何歳までやればいいんですか？」というものがあります。そして、この質問をする人の多くがシニア世代です。「もう65歳だから、長期投資なんてできない。4、5年くらいで何とかなる商品はないの？」

そんなふうにいわれることもあります。

ですが、**「シニア世代には長期投資はできない」というのは思い込みに過ぎません。**

そもそも長期積み立て投資は「老後資金を作る」ことを目的の1つにする人が多く、その場合「リタイア生活のために65歳までに資産を増やそう」と考えるケースが一般的でしょう。

しかし「65歳までに老後資金を」というとき、その先の人生がどれくらいあるとイメージしているのでしょうか。皆さんは、考えたことがありますか？「70歳くらいかな」「せいぜい80歳では」などと想像する人が多いかもしれませんが、人生がいつまで続くのかは誰にもわかりません。日本は「人生100年時代」を迎えており、90歳、100歳まで元気な高齢者はまったく珍しくないのです。

そう考えてみると、現在65歳の方も、まだまだ人生の先は長いのですから、お金を現預金にして握りしめているのはもったいないことです。**持っている時間を活かし、長期投資を始めるのに躊躇する理由はどこにもありません。**

もう1つ、「長期投資というのは何年くらい運用すればいいんですか？」というのもよく受ける質問ですが、実は長期投資というのは年数で決められるものではありません。それは、投資の「考え方」の話です。

投資に対してネガティブなイメージを持っている人は、投資というのは相場を読んでお金を動かし、「勝った、負けた」と一喜一憂するものだと思っているかもしれません。しかし投資には「勝った、負けた」とはまったく別の世界があります。**経済活動の中に自分のお金を参加させ、お金に働いてもらい、経済成長の成果をリターンとして受け取る――これが「長期投資の考え方」**です。リターンを受け取るのが1年後でも10年後でも30年後でも、この考え方に則って行う投資はすべて「長期投資」といえます。

長期投資の考え方を知ると、投資することの豊かさも見えてきます。

年金生活に入って「世の中から与えられるばかりで貢献できることがない」と寂しさを感じている方もいらっしゃると思いますが、そんなときこそ「長期投資」です。**培ってきたお金を経済活動の中に置き、元気に働いてもらうことは、経済活動の担い手になるという意味で世の中へのすばらしい貢献**となります。そのうえ、成長の果実を得る楽しみもあるのです。

繰り返しになりますが、長期積み立て投資は若者からシニア層まで、すべての人にとって有意義なものです。私たち草食投資隊は、つみたてNISAをきっかけに、できるだけ多くの人に長期積み立て投資の第一歩を踏み出してほしいと願っています。

本書では、これまでの私たちの活動を踏まえ、投資が必要な理由、これまでの資産運用業界の問題、長期積み立て投資やつみたてＮＩＳＡの魅力等を紹介しています。また、私たち３人が運用者として取り組んでいる草食系投資とはどんなものなのか、その背後にある思いもお伝えしたいと思います。

本書を通じ、ぜひ、長期投資の考え方や実践手法を身につけ、より心豊かな人生の一助としていただければ幸いです。

中野晴啓

人生100年時代のらくちん投資　目次

第1章

投資に対する5つの誤解を解く

第2章 肉食系の投信業界。あなたが投資信託で損をしてきた理由

第3章

金融庁が「つみたてNISA」で強力に後押し！
積み立て投資の魅力

第4章

「草食系投資」をどの投信で実践する？
――3社の特徴

「ほったらかしOK」の草食系投資――セゾン投信　中野晴啓

第5章

肉食な業界にいた私たちが「草食系投資」に導かれたワケ

挫折を経てたどり着いた、個人のための長期投資の実現——セゾン投信　中野晴啓

第6章

三者三様　ホンネでバトル！ あなたに合ったらくちん投資

第7章

「草食系投資」が作る日本の未来

本文設計・DTP◎ホリウチミホ(nixinc)
イラスト◎田中英樹(31・37・55・59・93頁)
イラスト◎草田みかん(121頁)
写真◎米山三郎
編集協力◎千葉はるか(株式会社パンクロ)

第1章

投資に対する5つの誤解を解く

✓わからない、だまされそう——投資にはさまざまなマイナスイメージがつきまとっているのが現状です。

✓第1章では、投資未経験者の人たちに聞いた「投資をやらない理由」を紹介しながら、多くの日本人が投資に対して抱いている誤解を解きほぐしていきたいと思います。

「貯蓄から投資へ」「貯蓄から資産形成へ」などといわれるようになってはいますが、「投資」が身近になったかというと、まだまだ道半ばだと思います。残念ながら、いまだに「投資」という言葉に対して悪いイメージを持っている人が多いのではないでしょうか？

しかし、投資に対するイメージは誤解に基づくものも多々あるのです。ですから私たちはまずその誤解を解き、投資への悪いイメージを払拭したいと思っています。

以前、私たちが投資未経験者を対象に行ったアンケートから、代表的な「投資をやらない理由」をピックアップしてみました。順に見ていきましょう。

誤解1 「投資は怖い。だまされそう」（A子さん、20代）

うちは母親が投資で損しているみたいです。しょっちゅう「証券会社の担当者にだまされた！」と怒っているんですが、結局懲りていない。合計でいくら損をしているのか、もう怖くて聞けません……。

経済に詳しくない母親が損をしているのはともかくとして、会社の上司や同僚でも、「損をした」という人はいても「儲かった」という人はあまり聞きません。一部の才能のある人が儲かるのかもしれませんが、私は絶対無理だと思う。

ファンド？　言葉は聞いたことがありますけど、よくわかりません。何か悪いことをして捕まっていませんでしたか？

ハラハラ・ドキドキしない投資も存在する

A子さんのケースでは、実際に損をしている人を目の当たりにしているので、萎縮してしまうのは無理もないかもしれません。**「投資」自体を信頼できなくなっているのでしょう。**

投資という言葉が持つイメージがあまりよくないのは、頷けるところもあります。投資の「投」という字を見ると、まるでお札を投げ、ヒラヒラ舞わせているような印象を抱く人もいるでしょう。読者の皆さんの中にも、投資は「投げたお金が、運がよければ大きくなって戻ってくる」マネーゲームのようなものだと感じている人がいるのではないでしょうか。

投資は「投げる」ものであり、自分の手元からお金が離れればどうしても不安になってしまう。だから、「勇気」や「自信」がなければ、投資なんてできない――これが、一般的な感覚かもしれません。

投資というのは、自分からガツガツと獲物を狙いに行くような「肉食」のイメージを想起させるものともいえるでしょう。

大きなお金を投じ、値動きに一喜一憂し、儲かるかもしれないけれど失うこともあるハラハラ・ドキドキの「肉食系投資」の話は、よくメディアで取り上げられます。「デイトレードで3億円儲けた」「金融危機に巻き込まれて、一文無しになった」。テレビやネットなどで、そんな極端な事例を目にすることも少なくありません。

確かに、デイトレードのような「肉食系投資」も投資の1つのスタイルではあります。しかし、メディアではこうした投資スタイルやハラハラ・ドキドキするようなエピソードばかりが強調される傾向があることも、知っておきたいところです。

実のところ、**投資にはさまざまなスタイルが存在**します。ハラハラ・ドキドキとは反対の、誰でも心穏やかにできる「草食系」の投資もあるのです。

また、A子さんは「ファンド」という言葉に対しても非常に悪いイメージを持っているようです。しかし、**「ファンド」といってもその種類はさまざま**です。

たとえば、実質的に破綻した企業を安く買い、再生させて売却するなどして利益を得ることを目指すファンドを「再生ファンド」といいます。

「再生」という言葉を聞くとポジティブな印象を受けますが、再生ファンドは動物の死肉を食べるイメージから「ハゲタカ」の蔑称で呼ばれることもあります。再生ファンドのニュースを目にして「ハゲタカ」などと聞けば、何となくネガティブなイメージを持つ人は多いでしょう。

また、2006年頃には投資家の村上世彰《よしあき》氏が率いる「村上ファンド」が話題になりました。

村上ファンドは、株式を買い占めた会社に対して株主として株主価値向上のために経営改善などの提案を行ったことが注目を集めましたが、後に村上氏が証券取引法違反（インサイダー取引）容疑で逮捕・起訴されて有罪判決が確定したこともあり、「村上ファンド」に関するニュースから「ファンド」という言葉にネガティブな印象を持った人も少なくないはずです。

一方、個人の資産形成の手段となる「投資信託（投信）」という商品も「ファンド」と呼ばれます。これは、名前は「ファンド」でも、ニュースなどで見聞きする「ハゲタカファンド」や「村上ファンド」などとはまったく別のものです。

投信は、ざっくりいうと「多数の個人から小口で集めたお金を1つにまとめ、ファンドマネジャーと呼ばれる投資のプロが、株や債券など国内外のさまざまな資産で運用して、出た利益をみんなで山分けする」という仕組みです。

詳しくは後述しますが、投信には多くのメリットがあり、コツコツ長期で資産形成をしていくなら**「これを利用しない手はない！」**といっていいでしょう。

ところが、投信という金融商品の存在すら知らない人も多いため「投信？　ファンド？　なんだか怖そう……」といった拒絶反応を示す人が多いのです。

読者の皆さんには、**A子さんのお母さんが失敗しているような「投資」が投資のすべてではないこと**や、「投資信託＝投信、ファンド」と呼ばれる個人向けの金融商品があること、そして**投信は本来、皆さんの資産形成に役立つ仕組みを持っているもの**なのだということを知っていただきたいと思います。

誤解2

「預金と保険で十分」（B夫さん、30代）

これまで貯めたお金は銀行に全部預けています。子どもが生まれたので、将来に備えてもっと節約して貯金しなきゃ、と思っているところです。預金なら安全ですし、投資する必然性を感じません。

子どもの教育資金のために学資保険には入ろうと思うのですが、どこの保険がいいか、検討中です。

お金をより前向きに活かすために投資がある

日本銀行が発表した数字によると、2017年6月末時点で、**日本の個人金融資産1832兆円のうち、5割以上が「現金・預金」**です。そして、**3割弱を「保険・年金」**などが占めています（図1－1）。預貯金や保険への信仰は、相当強いといえるでしょう。

このような状況で「貯蓄から資産形成へ」と号令がかかっても、ピンと来ない人が多いのは当然です。

また、**日本では、学校でお金についての知識を教わる機会がほとんどありません。**B夫さんのように「投資をする意味がわからない」という人は圧倒的多数ではないかと思います。

しかし、「投資をする意味がわからない」という人に考えていただきたいことがあります。それは、**「預金と保険だけで本当にいいのか」**ということです。

B夫さんのように節約を意識することは確かに大切です。ですが「預貯金は安全」「保険に入っておけば安心」といった考えを持っているとすれば、それは典型的な誤解といえます。

まず、今や預貯金だけで資産形成をするのは難しいことを認識しなければなりません。

日本では少子高齢化が急速に進み、年金など社会保障費の増大が問題になっています。現役世代が将来受け取れる年金額の減少は避けられません。多くの人にとって、**老後に向けた資産形成は避けて通れない**といえます。

一方で、日本では長年にわたり超低金利が続いており、預貯金でつく利息は雀の涙。つまり、**預貯金ではお金を貯めることはできても、増やすことはできない**のです。

このような状況でも「預貯金だけでいいのでは」と考える人が多いのは、特に高齢者の方の中に、日本が右肩上がりに成長していて金利収入も期待できた時代のイメージがそのまま残っているからでしょう。

図1-1 家計の金融資産構成

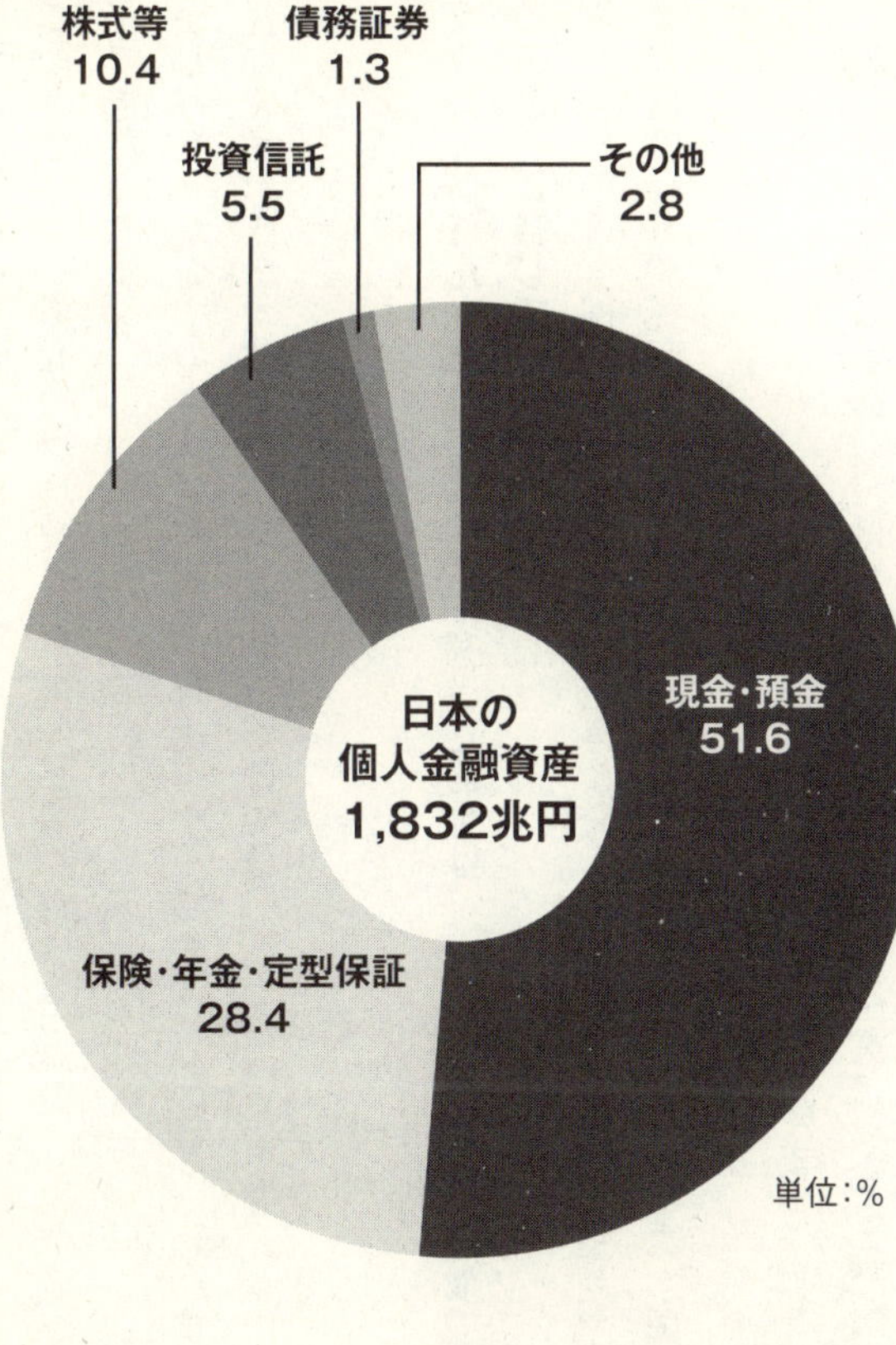

（出所）2017年6月末時点、日本銀行調べをもとに筆者作成。

かつては銀行預金も年7％、8％といった高金利だった時代がありました。当時は、あえて投資をしなくても、銀行にお金を預けておくだけでそれなりに資産を形成することができたのです。

しかし、もうかつてのような高金利の時代がやってくることは考えられません。今の時代に資産形成をするためには、預貯金だけでは心もとないことを知っておく必要があります。

ちなみに、**皆さんが銀行や郵便局に預けたお金は、かなりの部分が国債で運用されていることをご存じでしょうか？**

国債というのは、国が資金を調達するために発行する債券です。つまり、国の借金です。歳出のうち、税収などで賄えない分を穴埋めするためのものは赤字国債といいます。

実は、ゆうちょ銀行は資金の約4割を日本の国債で運用しています。割合としては徐々に減ってきているものの、ほかの銀行も、本来の「企業にお金を貸して儲ける」ビジネスがうまくいかない中、大量に国債を買っています。

日本の国債を「安全」だと思っている人は多いと思います。しかし国債などによる政府の借金は1000兆円を超えており、国民1人当たりでいえば800万円以上にもなっていることのリスクも考えておくべきでしょう。

また、これは見方を変えると、預貯金という「安全と安心」を求めるあまり、日本国政府の借金の肥大に皆さんが手を貸してしまっていることを意味します。

皆さんは、この状況を知ってもなお、「自分は預金だけでいい」と思えるでしょうか？

では、国にお金を貸すのではなく、**自分のお金をより前向きに活かす**ためにはどうすればいいのでしょうか。そこで考えたいのが、投資なのです。

皆さんが**投資をし、企業が潤沢なお金を使って成長できれば、そこで働いている人の給料も上がり、給料が上がれば消費も活発になって経済が潤っていきます**。そして、経済が回復すれば企業の株価も上がるので、**投資のリターンも得られて投資家もハッピーになれる**のです（図1－2）。

このような「投資」の本来の大きなサイクルをイメージすれば、その意義が実感できるのではないかと思います。

投信などを通じて投資をすることは、よりよい技術を提供している企業、社会に貢献している企業などを応援するため、お金を少しだけ振り向けてあげることにほかならないのです。預貯金だけでお金を貯め込み、お金を滞留させてしまうことは、社会にとって、ひいては皆さん自身にとってマイナスであるといっていいでしょう。

「世の中を変えたい」と思っても、普通の人はいきなり政治家になったり起業家になったりはできません。しかし、**世の中をよりよく変えようとしている企業を「投資」によって応援することはできる**のです。

このような理解があれば、多くの人が抱いているであろう「投資なんて、お金儲けのためにやるもので卑しい」というイメージがまったく正しくないこともわかるでしょう。

実際、本来の意味での「投資」をしている人たちと話をすると、「自分のお金を通じて、社会とつながっている感覚を得られるのがうれしい」という声を多く聞きます。**投資はお金を儲けるためだけにやるものではなく、知識や経験、満足感などさまざまなものを得ることもできるもの**なのです。そのプロセスを楽しむことを含めた「投

図1-2 社会における投資の役割

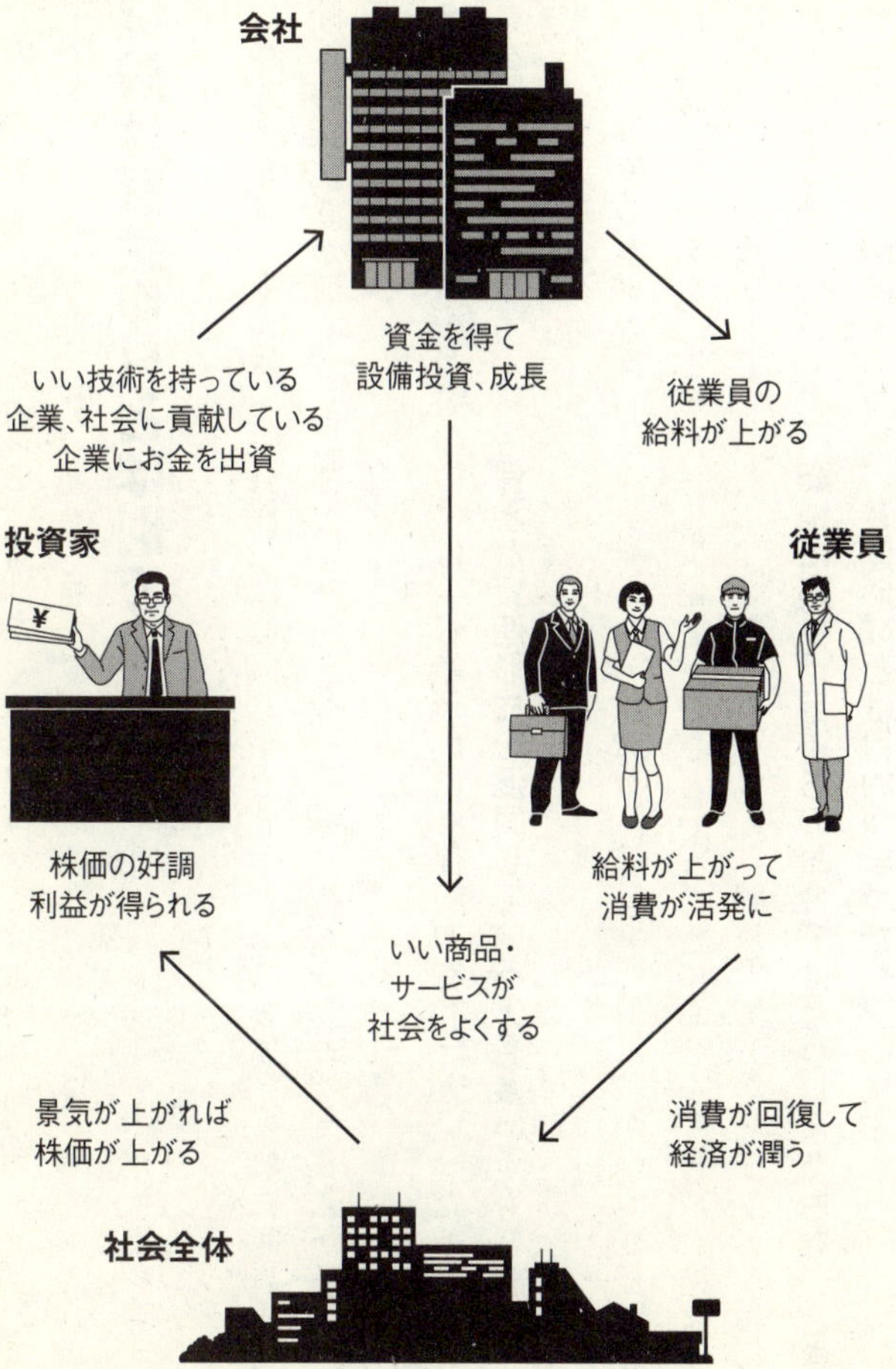
会社
資金を得て
設備投資、成長
いい技術を持っている
企業、社会に貢献している
企業にお金を出資
従業員の
給料が上がる
投資家
従業員
¥
株価の好調
利益が得られる
給料が上がって
消費が活発に
いい商品・
サービスが
社会をよくする
景気が上がれば
株価が上がる
消費が回復して
経済が潤う
社会全体

資」へのポジティブなイメージを、ぜひ多くの人に持ってほしいと思います。

保険は資産作りとは別で考える

B夫さんのコメントには「学資保険には入るつもり」とあります。一般に、日本では保険への抵抗感が薄く、「保険には入っておいたほうが安心」と考える人が多いといえます。

生命保険会社の営業担当者の中には「資産形成にも保険が有利」といったセールストークをする人もいますから、**保険と資産形成を混同している人も多い**かもしれません。

しかし、保険の本来の目的は「一家の大黒柱の死亡」「重い病気にかかって長期の治療が必要」といった人生のピンチに備え、いざというときにお金を受け取れるようにしておくことにあります。つまり、できることなら「使わずに済んだほうがうれしいもの」であるはずなのです。**窮地に陥り、手持ちのお金ではどうしようもないときに助けになるのが保険であって、資産形成とは目的がまったく違います。**

もちろん、たとえば子どもを持つ親の場合、万が一に備えてある程度の死亡保障を保険で確保しておくことは必要でしょう。しかしB夫さんのように「子どもの教育資金を準備する」のが目的なら、保険である必然性はありません。**金融商品は、目的に応じた使い分けが大事**なのです。

合理的に考えるなら、「万が一」のための親の死亡保障は保険料が安くシンプルな掛け捨ての保険で備えて「保障にかかるコスト」を抑え、子どもの学費など将来必要になるお金は貯蓄や投資で準備したほうがいいと思います。

ちなみに、**私たちは全員、保険は貯蓄性のない「掛け捨て」のものに加入**しています。そのほうがシンプルで、コストが安いからです。

誤解3 「投資にはしっかりした勉強が必要」（C太さん、30代）

私も投資に挑戦してみたいと思っているのですが、どの株を買ったらいいのか、見当がつきません。とりあえず推奨銘柄が載っている雑誌を買って読んでいますが、たくさんありすぎて……。

勉強もせずに挑むのは無謀だとはわかっていますが、仕事も忙しいものですから、本腰を入れて勉強することもできないですし。

買った後も、毎日、情報収集しなくちゃいけないと思うと、やっぱり投資は無理かなと思います。

投資が人生の邪魔をしてはいけない

投資に興味はあるものの、「わからないから手を出せない」という人は少なくありません。C太さんのように普通に働いている方々なら、「投資は勉強しなければできないもの」「投資を始めたら、日々情報収集が必要」と考えて腰が引けてしまうのも無理はないでしょう。

確かに、**投資で利益を得るためには正しい投資先にお金を預けるための知識が必要**になります。一方で、働き盛りの人は忙しくて勉強や情報収集にあてる時間がないというケースが多いはずです。株式投資を始めれば、保有銘柄の情報を集めるだけでも大変でしょう。

そこで、仕事などの事情で時間的に「勉強や情報収集をする自信がない」という人にこそ活用してほしいのが、投資信託（投信）という仕組みです。投信には、**運用の面倒な部分はすべてプロに任せられるというメリット**があります。運用のために知識を身につけたり、勉強に時間を割いたりする必要はありません。

合同運用は働く個人にとって好都合

先ほども少し触れましたが、投信とは「多数の個人から小口で集めた資金をまとめ、運用の専門家であるファンドマネジャーが投資家に代わって株式や債券、不動産など国内外のさまざまな資産に投資し、運用成果を個人それぞれの投資額に応じて分配する」という仕組みの金融商品です（図1－3）。

投信の大きなメリットは、**小口でも簡単に多様な資産への分散投資ができる**点にあります。

投資の世界には「たまごを1つのかごに盛るな」という有名な格言があるのですが、その意味は「資産を分散して投資しておくと、たとえそのうちの1つが損失を被ったとしても、他の資産への投資によって損失はある程度抑えられる」ということです。

この点、個人で株式投資をするケースを考えると、株価×最低投資株数のお金が必要です。たとえば、株価3000円で単元株100株を買う場合は、3000円×

図 1-3 投資信託の仕組み

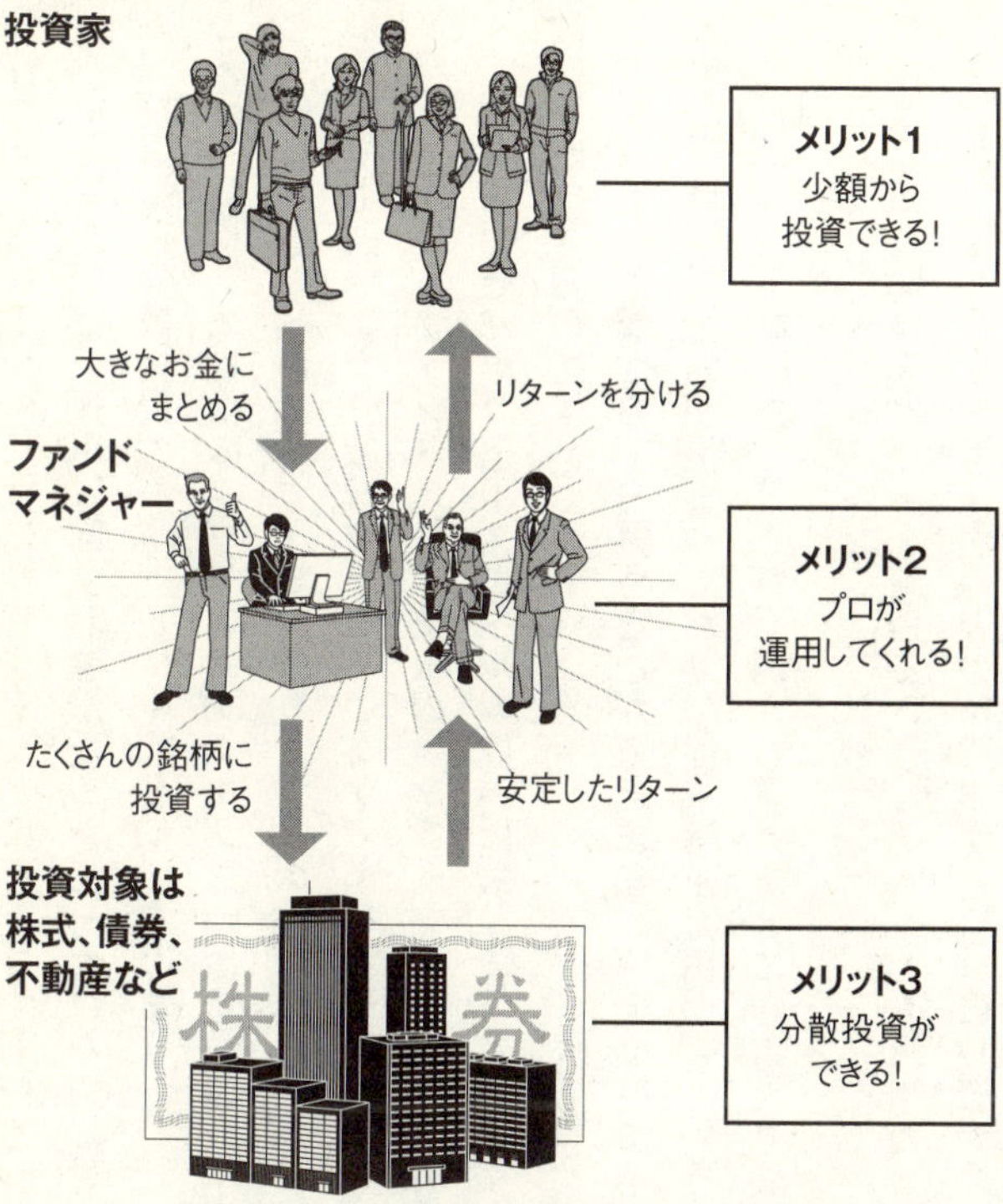

投信は値動きのあるもので運用されているので、価格は毎日変動しており、これを「基準価額」という数字で表す。基準価額は投資信託が設定されたときに1万円から始まり、毎営業日に公表される。投信は「口（くち）」という単位で取引されており、基準価額は「純資産総額（投信に集まって運用されている資金の総額）÷口数」で計算する。同じ1万円を投資するのでも、基準価額が下がっているときはたくさんの口数が買える。

100株＝30万円を1つの銘柄に投資することになります。いくつかの銘柄に分散投資をしたいと考えれば、運用に回すお金がたくさん必要になるわけです。

一方、投信なら分散投資のハードルはぐんと低くなります。

たとえば、コモンズ投信の「コモンズ30ファンド」は複数の日本株を厳選し分散投資をしていますし、レオス・キャピタルワークスの「ひふみ投信」は現在、複数の日本株に加えて米国株にも分散投資をしています。セゾン投信の「セゾン・バンガード・グローバルバランスファンド」は、複数のファンドを通じて国内外の株や債券に分散投資しています。それぞれ運用スタイルの違いはありますが、いずれも、1つの投信で分散投資ができるのです。

そして**投信は、少額からでも買うことができます**。販売会社で「いくらから買えます」という最低投資金額が決まっており、従来は1万円からというケースが主流でしたが、最近はネット証券などで100円から買えるところもあります。

私たちは、個人は自分の仕事を頑張ることこそもっとも大事だと考えています。これは、投資として一番リターンがいいのは、まず「自分に投資」することであり、個人にとって一番キャッシュフローを生むのは「自分の稼ぎ」だからです。

仕事の合間にスマホをちらちら見ながら株の売買をし、本業に集中できなくなるというのでは本末転倒です。もちろん、「趣味は投資」という人ならうまく時間をやりくりして株の売買を楽しんでもいいでしょう。

しかし本来、**資産形成は人生の目的ではなく、あくまでも楽しい人生を支えるための手段であるはず**です。個人は、資産形成に関しては投信を活用してプロに任せ、仕事や趣味を楽しむために時間を使ったほうがいいのではないかと思います。

誤解4

「お金が貯まったら、始めよう」（D子さん、20代）

投資ってやっぱり余裕資金でやるものですよね。今はとても余裕がありません。
当面使わないお金が100万円貯まったら、投資も始めてみようかなぁ、と。
でも、数年以内には結婚もしたいし、子どもも欲しいし……。
そうなると、余裕資金ができるときなんて、ないかもしれませんね。

お金がないからこそ、貯めながら投資をする

「まとまったお金ができたら投資をしたい」という声は、非常によく聞きます。しかし、この考え方ではなかなか投資できない人が多いのではないかと思います。

というのも、**「当面使わない」といえるお金が手元にまとまって残るのは、退職金をもらうときくらい**だからです。

D子さんがいうように、結婚資金、マイホーム購入資金、子どもの教育費などライフイベントごとにまとまったお金が必要になることを考えると、定年前に「投資に回せるまとまったお金」を作れる人は少数派でしょう。

そこで私たちが提案しているのは、「今お金がないから、貯めてから投資しよう」ではなく、「お金がないからこそ、貯めながら投資をしよう」という考え方の転換です。

投信には、給与天引きのような感覚で毎月定額ずつ「自動積み立て」できる仕組みがあります。この仕組みを利用すれば、**預貯金で積み立てをして「お金を貯める」のと同じ感覚で「お金を貯めながら増やす」ことができる**のです。投信なら、毎月

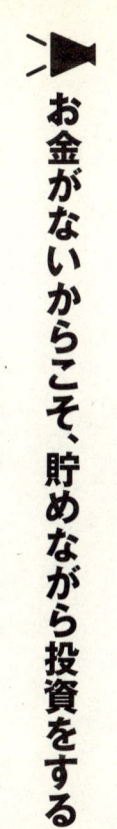

5000円、1万円といった金額から積み立て投資が可能だと聞けば、「それなら私にもできそうだ」という人が多いのではないでしょうか。

積み立ては草食系投資をするうえで非常に大切なポイントです。近年は金融庁も個人の資産形成の手段として投信の積み立てを後押ししており、2018年1月には**「つみたてNISA」という個人投資家にメリットの大きい制度**もスタートするなど、大変注目が高まっています。

投信の積み立てについては、第3章で詳しく紹介します。

誤解5　「もう60歳。今さら長期投資といわれても……」（E男さん、60代）

会社を定年退職して退職金が入ったので、せっかくだから少し投資もしてみようかと思っています。しかし、私ももう60歳。よく「コツコツ長期投資するのがいい」と聞きますが、それは若い人の話ですよね。

私のようにリタイアしたあとに投資をする場合はどうすればいいのでしょうか。

人生100年時代は、定年後でも「長期投資」

「勝った、負けた」の世界で投資をするのではなく、じっくり資産を増やしていくためには、「長期投資」が大切といわれます。これは、投資をする際は運用して得た利益をさらに投資して雪だるま式にお金を増やしていく**「複利」の効果**を活かすことが重要で、**投資期間が長いほど複利の効果も大きくなる**と考えられるからです。また、**投資期間が長いほど安定した収益が期待できる**こともわかっています。草食系投資において、「長期投資」は外せないポイントといってもいいでしょう。

私たちがこのようなお話をすると、E男さんのように「この年齢で長期投資なんて……」という人が少なくありません。しかし、「60代、70代からでは長期投資なんて無理だ」というのは、本当でしょうか？

厚生労働省の2016年のデータによれば、平均寿命は男性でも80歳を超え、女性は87歳超。「人生100年時代」などといわれるように、90歳を超えることも珍しくない時代なのです。

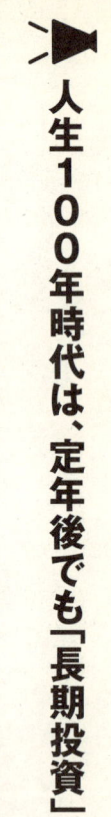

「自分はそんなに長生きしないだろう」と思うかもしれませんが、人はいつ死ぬかわかりません。今60歳の人なら30〜40年、70歳の人なら20〜30年くらいは人生が続くかもしれないと考えておいたほうがいいでしょう。

つまり、E男さんのように**定年退職後の人であっても、長期投資の考え方は有効な**のです。

高齢者の方の中には「資産を使い切って死にたい」という人がいますが、いつ死ぬかがわからない以上、これは不可能です。それに「自分の資産を使い切る」ことを目指すと、だんだん長生きが怖くなってしまいます。

それよりも、**草食系投資で資産を「増やしながら使う」ほうが、ハッピーなリタイア生活を送れる**に違いありません。

第 **2** 章

肉食系の投信業界。あなたが投資信託で損をしてきた理由

- ✓本来、「コツコツ、じっくり」という草食系投資にふさわしいはずの「投資信託」という仕組みですが、実際のところ、投信で資産形成をする際には問題も立ちはだかります。
- ✓個人はこの仕組みをどう活用して草食系投資を実践していけばいいのでしょう。
- ✓業界の裏側を知り尽くしている私たちが、問題点と解決策を提示します。

構造自体に問題あり！　販売会社ありきの投資信託

前の章では、投資の必要性や意義、そして個人投資家の味方である「投資信託」の基本的な仕組みとメリットについてお伝えしました。

とはいえ、読者の皆さんはまだ懐疑的でしょう。それは無理もないことだと思います。**これまでの日本の投信業界には、問題点がたくさんあった**からです。

ここからは、投資信託を取り巻いてきた業界の状況を少し掘り下げてお伝えしていきたいと思います。

おそらく、読者の皆さんの周りでも「投資信託で成功した」という人は少ないのではないかと思います。

なぜかというと、**日本の投信業界は構造的に「投資家が儲けにくい」仕組みになってしまっている**からです。

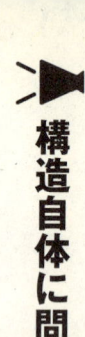

元をたどると、制度の誕生背景に問題があります。

当時の大蔵省が投資信託の流れを日本に持ち込もうとしたとき、まず証券会社に運用会社を作らせました。ここで「証券会社が、傘下の運用会社に自分たちで販売するための商品を作らせる」という構図が生まれたわけです。

運用会社の現場にいた立場では、当時、販売会社（証券会社）の発言力は非常に強く、運用会社のファンドマネジャーは立場が弱かったという印象があります。商品設定の時点で、「こういう商品が売れるから、とにかく作れ！」といわれるのです。**当時の運用会社は、投資信託の「大量生産工場」**といった感じでした。1995年頃に外資系運用会社が参入したことで変わっていった部分もありますが、その後も販売会社優位の状況が続きました。

投信は証券会社だけでなく、銀行や郵便局でも販売されるようになりました。そして彼らも、こぞって投信を利益獲得のツールとして使うようになります。**手数料収入を狙った**わけです。

ここで簡単に投資信託の手数料体系を説明しておきましょう。

図2-1 投資信託の手数料体系

		どんなコスト？	誰に払う？
購入時	販売手数料	購入金額に対してかかる手数料。 高いものは3%程度。販売時に手数料の発生しないものをノーロードという。	販売会社
保有中	信託報酬	毎日発生する運用と管理にかかるコスト。年率0.2〜2%程度。運用会社の収益源。	販売会社、運用会社、受託会社
解約時	信託財産留保金	解約時の資産売却手数料などにかかる実費を解約者が負担。残された投資家への迷惑料のようなもの。	運用資産に戻される

投資家が支払う手数料は大きく分けて、「販売手数料」と「信託報酬」があります（図2－1）。

販売手数料は購入時だけに発生するもので、すべて販売会社に支払われます。高いもので、購入額の3％程度です。

一方、信託報酬は投資信託の運用期間中、運用会社と販売会社、受託会社（託された運用資産を保管する信託銀行）が徴収するもので、年間で0・2〜2％程度かかります。

この数字を見てわかるのは、販売会社にとっては、購入時に一度だけ発生する販売手数料で儲けるほうが効率がいいということです。まずはお金を持っている人たちをターゲットにして投信を購入してもらい、さらに購入者には投信を次々に乗り換えてもらうのです。こうすれば、何度も販売手数料を得ることができます。

こうして**販売会社は、適当な理由をつけては投信を売却してもらい、今度は新しく設定された投信をセールスする、ということを繰り返してきました。**

その結果、ほとんどの投信は設定直後にお金がたくさん集まり、その後は残高がどんどん減っていってしまうことになります。現在6000本以上もある国内公募投信は、一部の基幹ファンドを除いて軒並み設定後に残高が尻すぼみになっている状態です。

運用会社としては、「尻すぼみファンド」だけでは自社の運用資産残高が減るばかりになってしまいます。それでは困るので、せっせと新しいファンドを作り、また販売会社に売ってもらう……この繰り返しでそれぞれ規模を保っている状態で、これは**「自転車操業状態」**といっていいでしょう。

そしてこの状況は、投資家にハンディを背負わせることになります。

まず、投信の乗り換えを頻繁にすることで投資家は手数料をたくさんとられてしまいます。

さらに、買うときにも**「高値つかみ」をしやすい傾向**があります。というのも、投信の大半は相場がピークをつける半年前から3カ月前くらいにドンと設定されて、ボトムの半年くらい前に売却されることが多いのです。

日本の投信の平均保有期間は、大体3年くらいです。これは、相場のピークからボトムの半年前くらいまでの期間が、おおよそ3年程度だからです。当然、ピークアウトしていく過程で投資家はズルズルと損をしていきます。この場合、「この投信はもうダメだから早く売りましょう。新しくできたこっちは上がりますよ」というセールストークが展開されることになります。

運用がうまくいって利益が出る場合も、もちろんあります。しかしそのような場面では、販売会社が**「利食い（利益確定の売り）を早くさせる」という傾向**もあります。じっくり保有していればもっと伸びるかもしれなくても、儲かっている投信は利食いの勧誘がしやすいため、「儲かってよかったでしょう？　次はこっちでいきましょう」などと、新たに設定された投資信託への入れ替えを勧めるわけです。

それに、日本の投資信託の資産残高上位のものを見てみると、ほとんどが「毎月分配型」です。

毎月分配型投信とは、収益の決算を1カ月ごとに行い、そのたびに分配金を出す投資信託のことをいいます。シニア層を中心に、これまで非常に高い人気を集めてきました。「年金やお小遣いのような感覚で毎月お金が受け取れますよ」という言葉がシニア層には魅惑的に聞こえやすく、販売会社としてはとても売りやすい商品だったからです。

しかし**毎月分配型というのは、そもそも長期の資産形成には不向き**なものです。せっかく出た利益をその都度吐き出してしまっては、第1章で説明したような「複利効果」を得られなくなってしまいます。**場合によっては、元本まで食いつぶして分配**しています。それに、分配ごとに20%の税金が天引きされてしまうのです。

「少額からでも、長期で資産をゆったり作っていこう」という草食系投資をやりたい人にとっては、毎月分配型投信は選択肢になりません。

はっきりいってしまえば、**これまで銀行や証券会社で積極的に売られてきたのは**

「販売会社の儲けにはなるけれど、投資家の長期の資産形成には不向きなものばかり」というのが業界の実態だったのです。

投信がいい成績を残すための3つの条件

実は運用者（ファンドマネジャー）としても、こういった状況ではいい成績を残しにくいといえます。運用資金が設定時にピークとなり、あとは解約が止まらないとなると、せっかく「これから値上がりが見込めそうだ」と考えて投資した株などを解約に応じて売りたくないときに現金化しなければいけなくなるからです。これでは、運用者がやろうとしている運用はなかなか実践できません。

一般には投信は「ファンドマネジャーの腕が運用成績を分ける」と思われているのではないかと思います。しかし、ファンドマネジャーの運用技術が成績に与える影響は、ざっくりいえば3分の1程度の要素でしかないというのが運用者としての実感です。

投信がいい成績を残すためには、3つの条件があります。

1つ目は「ファンドマネジャーの運用技術」、2つ目は「運用会社の理念」、そして

図2-2 成績のいい投資信託の3条件

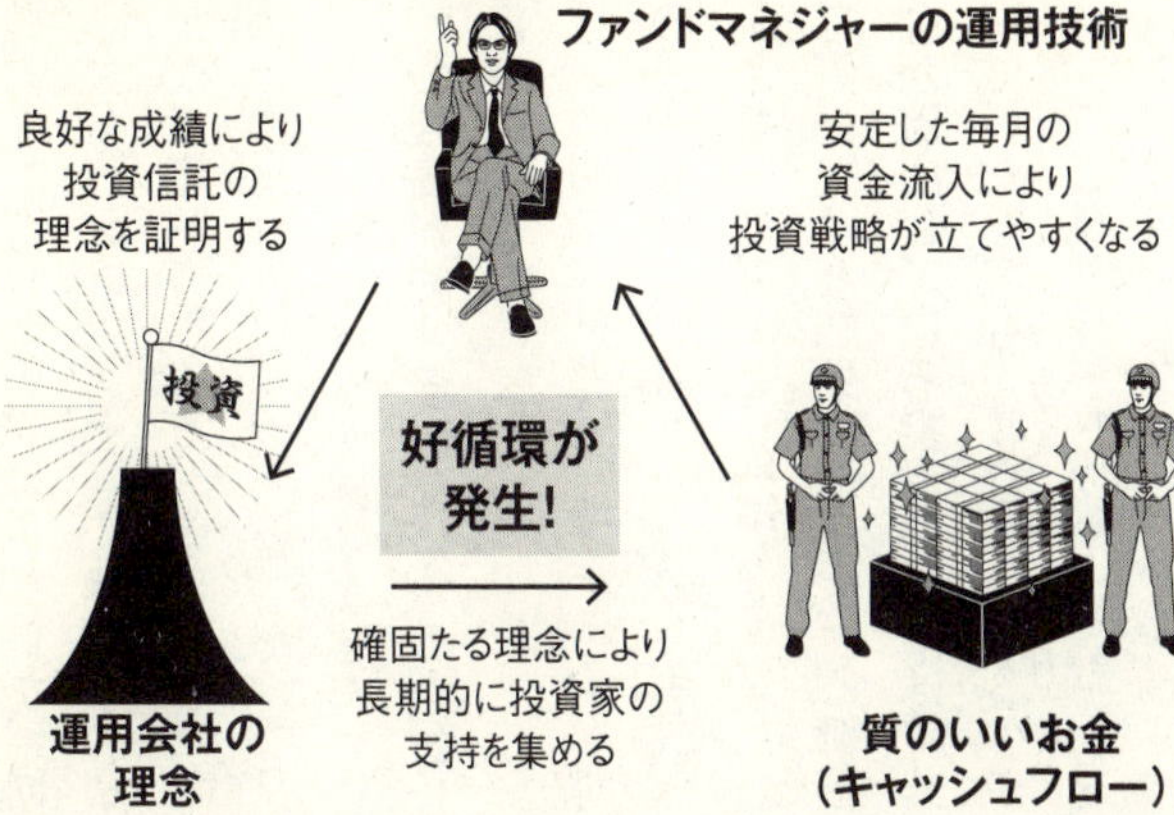
ファンドマネジャーの運用技術
良好な成績により
投資信託の
理念を証明する
安定した毎月の
資金流入により
投資戦略が立てやすくなる
投資
好循環が
発生!
確固たる理念により
長期的に投資家の
支持を集める
運用会社の
理念
質のいいお金
(キャッシュフロー)

3つ目は、その理念のもとに集まった「解約されずに長期投資してもらえる質のいいお金（キャッシュフロー）」です。これらがそろって、初めて運用者はいい成績を残せるのです（図2－2）。

実は、コモンズ投信の「コモンズ30ファンド」の立ち上げの際、これを痛感させる出来事がありました。

2009年1月にファンドが設定された数週間後、別の日本株投信も設定されたのですが、この投信の運用会社は長年の実績を誇る長期投資の米大手老舗。そして、ファンドの販売は日本の大手証券会社が引き受けていました。つまり、非常に強力なコンビが手がける投信が、同時期のライバルだったわけです。リーマン・ショックを経て株式市場が氷河期に入っている最中に「コモンズ30ファンド」が設定時に集めたお金はたった1億2000万円でした。一方、「強力コンビ」が集めたのは約24億円だったので、「5％ぐらいが無名の新しい運用ベンチャーの実力だろう」と考えるしかありませんでした。しかしその年の年末、**「コモンズ30ファンド」の残高が約4倍になったのに対し、「強力コンビ」の残高は約6分の1になってしまった**のです。

「コモンズ30ファンド」は確かにこの間、いい成績を残しました。しかし、「強力コンビ」のほうもいい成績だったのです。それでも、1年も経たないうちに残高が急減してしまったわけです。これはおそらく、「強力コンビ」である程度利益が出たところで、販売を引き受けた証券会社が次々と新しい投信への乗り換えを勧めた結果でしょう。

お金が流出している投信の運用は、非常に難しいものです。結局、その投信を保有し続けていた顧客も、収益を上げるのがどんどん難しくなっていってしまいます。おそらく、「老舗運用会社の米国本社」は日本のこの状況を大いに嘆いたのではないかと思います。

解決策としての「直販」&「積み立て」

「販売会社」ありきの投資信託の売り方では、投資家も運用者もハッピーになれません。そこで、私たちが悩みながらもたどり着いた答えが「直販」という仕組みです。

直販とは、**「投信を運用する会社が、販売会社を通さずに、直接個人投資家に販売する」**スタイルです（図2－3）。

直販には、いくつものメリットがあります。

まず、販売会社を通さないので「販売手数料がない」ということが投資家にとってのわかりやすいメリットでしょう。

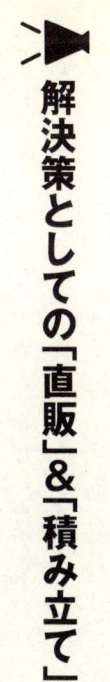

しかし、それよりも重要なのは、**運用者と投資家が直接コミュニケーションをとっていける**ことだと思っています。

直販投信は、運用サイドが何を考えて、どんな銘柄に投資しているのかをしっかり投資家に伝える姿勢があります。たとえば、直販投信では毎月、投資家に運用報告書が届きます。普通の投資信託も月次レポートはあるのですが、「見たいならどうぞ」という姿勢で、投資家側がホームページからダウンロードしなければなりません。

また、私たちは「仲間」になっていただいたお客さまと会って話す機会をたくさん作っています。お客さま向けの運用報告会のほか、社会科見学や勉強会など、定期的なセミナー、イベントを実施しています。

「プロに任せる」といっても、大事なお金を託しているのですから、「どんな運用をしているのか」と不安を持つこともあるはずです。だからこそ、運用会社とお客さまが交流を持つことで、皆さんに安心して運用を任せていただけるようにしたいと考えています。

このように私たちが運用の理念やコンセプトを直接、投資家に伝えることで、**運用者と投資家の「共感度」は断然、高くなります。**そして、**理念に共感して集まるお金は「腰の据わったお金」**となり、簡単には解約されないのです。

私たちには、大手の金融機関のようなブランド力はありません。それでも「長期でお任せしてみたい」と預けてくれるお客さまが全国に大勢いらっしゃいます。これは、

図2-3 直販モデルのイメージ

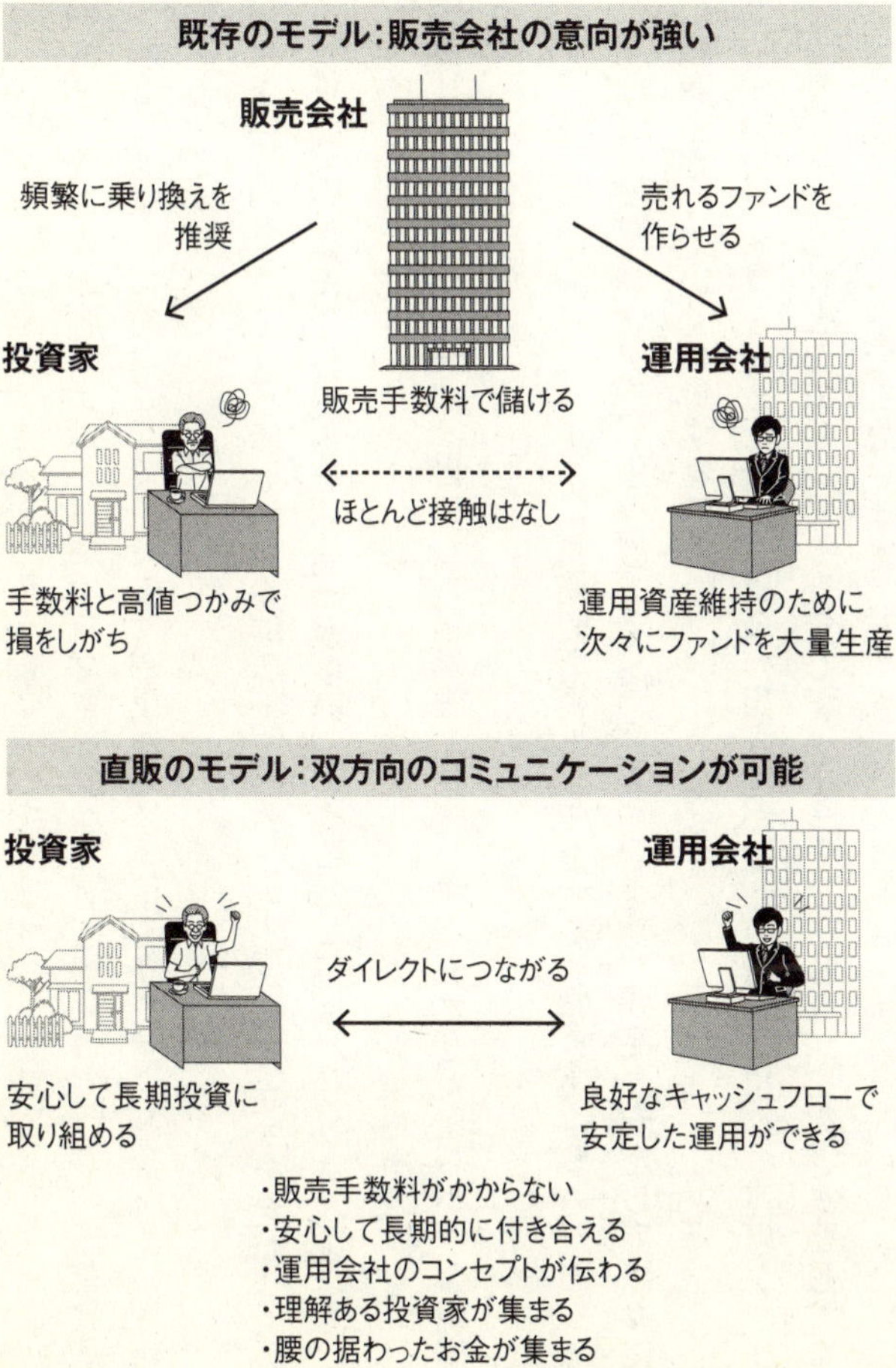
既存のモデル：販売会社の意向が強い
販売会社
頻繁に乗り換えを推奨
売れるファンドを作らせる
投資家
運用会社
販売手数料で儲ける
ほとんど接触はなし
手数料と高値つかみで損をしがち
運用資産維持のために次々にファンドを大量生産
直販のモデル：双方向のコミュニケーションが可能
投資家
運用会社
ダイレクトにつながる
安心して長期投資に取り組める
良好なキャッシュフローで安定した運用ができる
・販売手数料がかからない
・安心して長期的に付き合える
・運用会社のコンセプトが伝わる
・理解ある投資家が集まる
・腰の据わったお金が集まる

直販という形で理念が共有できるからこそだと思っています。

しかも、私たちのお客さまは「長期でコツコツ資産を育てていこう」という草食系投資の理念に共感してくださっているので、圧倒的に「積み立て」の割合が多いという特徴があります。

投信積み立てのメリットについて詳しくは次章で説明しますが、積み立てを安心して実践するには、**その投信に「積み立て仲間」が多い**ということも挙げられると思います。

直販会社というのは、最初は自分たち以外誰も販売してくれませんから小さな規模からのスタートでした。

しかし、理念への共感をベースに長期的な積み立てをするお客さまが多いため、毎月毎月、「腰の据わったお金」が入ってきています。つまり、**残高が安定して徐々に徐々に積み上がっていく**のです。

ある一定の残高水準を超えた後は、資金の出入りが激しい投信に比べて運用がやりやすくなり、運用会社としての経営も安定していきます。これは、お客さまとしても安心感が持てるポイントだと思います。

先ほど、「コモンズ30」と某大手の「強力コンビ」ファンドについて比較してお伝えしましたが、これは**「直販」でなおかつ「積み立て」が多いという特徴が運用にも多分に好影響を与えることを示した好事例**といえるでしょう。

新規の資金が毎月安定的に流入することがわかっていれば、ファンドマネジャーは投資銘柄の買い入れポイントをあらかじめ定めておけるので、引き締まった運用ができます。運用執行の選択肢が増え、よい成果をお返しできるのは、お客さまからの「腰の据わったお金」のおかげなのです。

「コモンズ30」と「強力コンビ」の年末までの残高が逆転した決定的な部分は、両ファンドのお客さまである個人投資家の質だと思っています。コモンズの場合、運用理念に共感して、積み立て投資をしてくださる個人投資家のお客さまの比率が7割以上。これが「滴」のように毎月、集まってくる良質なお金です。

私たちの理念である「直販」、そして「積み立て」という特徴が、運用成績にも生きていることが証明されたといっていいと思います。

日本の投信業界に風穴をあけたあるファンド

この「直販」という仕組みは、実は海外ではすでに取り入れられていました。しかし、販売会社ありきの日本の投資信託業界では、かつては「ありえないシステム」だったといえます。

それを変えたのが、1人の「熱量の大きなオジさん」でした。「さわかみ投信」の創業者、澤上篤人さんです。

澤上さんは、1999年、日本で初めての直販型の投資信託「さわかみファンド」を立ち上げました。さわかみファンドはサラリーマン向けの長期運用型投資信託を標榜しており、「日本の株を安いときに買い、高いときに売る」長期逆張り投資が特徴です。メディアでもよく取り上げられていますから、投資をしたことがなくても、ご存じの方がいらっしゃるでしょう。

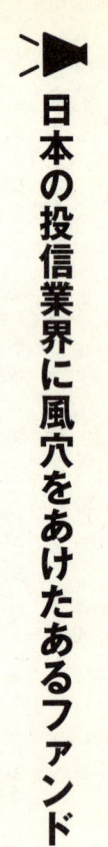

澤上さんには**「長期の積み立てこそが日本のサラリーマンを元気にする投資信託の新しい仕組みなんだ」**という強い信念があり、「直販」という新しいカテゴリーを独りで切り拓きました。私たちにとっては、大先輩です。

実のところ、私たち3人はそれぞれ導かれるように澤上さんとの出会いがあり、そのパワーに圧倒されて、今ここにいるのです（このあたりは第5章でお話しします）。

さわかみファンドが注目されるようになったのは、やはり**「成績がよかった」**ことが大きかったと思います。「なんだ、この謎のオジさんは」と業界やメディアで徐々に注目を集めていきました。

さわかみファンドは日本株に投資するファンドですが、そのスタンスは相場が低迷しているときに「買って買って買いまくれ」というものです。そして、そのさわかみファンドの好成績を支えていたのは、何よりも「良好なキャッシュフロー」だったのではないかと思います。

澤上さんの理念に共感した個人投資家の間でクチコミで広がっていき、さわかみファンドには積み立てのお金が着々と入りました。そして、解約が圧倒的に少なかったのです。だからこそ、低迷する相場でも恐れることなく、買って買って買いまくれたのでしょう。

私たちは当時、それを外から見ていて、**「運用者にとって投資家が『仲間』であるというのは本当に心強いんだ」**ということを痛感しました。**「もしかしたら、直販で日本の投信業界を変えられるかもしれない」**と勇気をもらった存在ともいえます。その後、私たちのほかにも澤上さんの影響を受けた独立系直販投信会社は増えていきました。

もっとも、私たちは「さわかみチルドレン」ではありません。大きな後押しをいただいたことは間違いありませんが、**澤上さんのクローンではない**のです。

私たちは、運用手法やコンセプトなど、さわかみファンドとはまた違った切り口を持っています。そして、それぞれ独自のやり方で、投資家の裾野を広げていこうと考えています。

実のところ、現在は販売方法も直販に限定しているわけではありません。レオス・キャピタルワークスでは直販の「ひふみ投信」と同じ運用内容の「ひふみプラス」という投信を作り、販売会社を介してお客さまに提供していますし、コモンズ投信も「コモンズ30ファンド」をネット証券や地銀などで販売しています。そしてセゾン投信では、直販モデルをずっと事業の根幹に据えながらも、ゆうちょ銀行の「ゆうちょダイレクト」で買えるようになっているほか、つみたてＮＩＳＡに限定して地銀での販売を開始。**当初の理念を守りつつ、草食投資仲間を増やすために邁進**しているのです。

また、追って詳しく紹介しますが、**私たちの運用手法は三者三様**です。皆さんが私たち3人のうち誰に共感するのか、それも人それぞれだと思います。それでいいのです。

大切なのは、多様な運用スタイルの直販投信があることです。私たちは、その多様性こそが、草食系投資の裾野を広げていくことにつながるのだと思っています。

第3章

金融庁が「つみたてNISA」で強力に後押し！積み立て投資の魅力

- ✓第２章では、これまでの投信業界の問題点、その中で私たち草食投資隊が手がけてきた「直販投信」について説明しました。
- ✓実は、私たちがおよそ10年にわたり取り組んできたことが、今大きく花開こうとしています。投信業界の悪しき慣習に対して金融庁が大ナタをふるい、それによって業界に変革が起きつつあるのです。

資産運用業界に変化の兆しが

ご存じの方も多いと思いますが、ここ数年、**金融庁は金融機関に対して非常に強いメッセージを発信**しています。

2015年に就任した森信親《のぶちか》金融庁長官は、「顧客本位の業務運営」を行うよう金融機関に要請してきました。それでもなかなか変化の兆しが見えない中、2017年4月に「日本の資産運用業界への期待」と題して行われた講演で、森長官は改めて、金融機関に対して非常に厳しくストレートな言葉で意識改革を求めました。少し長くなりますが、その一部をここで引用します。

「私は、ここ数年、金融機関に対し『顧客本位の業務運営』をしてくださいと一貫して申し上げてきました。企業が顧客のニーズに応える良質な商品・サービスを提供し続けることが、信頼に基づく顧客基盤を強固なものにし、供給者である企業の価値向上につながることは、金融機関のみならず、およそ全ての企業に当てはまる原則だと思います」

「しかしながら、現実を見ると、顧客である消費者の真の利益をかえりみない、生産者の論理が横行しています。特に資産運用の世界においては、そうした傾向が顕著に見受けられます」

「何故、長年にわたり、このような『顧客本位』と言えない商品が作られ、売られてきたのでしょうか？　資産運用の世界に詳しい方々にうかがったところ、ほぼ同じ答えが返ってきました。日本の投信運用会社の多くは販売会社等の系列会社となっています。投信の運用資産額でみると、実に82％が、販売会社系列の投信運用会社により組成・運用されています。系列の投信運用会社は、販売会社のために、売れやすくかつ手数料を稼ぎやすい商品を作っているのではないかと思います。これまでの売れ筋商品の例をみても、ダブルデッカー等のテーマ型で複雑な投信が多く、長期保有に適さないものがほとんどです。こうした投信は、自ずと売買の回転率が高くなり、そのたびに販売手数料が金融機関に入る仕組みになっています」

「本年2月の我が国における純資産上位10本の投信をみてみると、これらの販売手数料の平均は3・1%、信託報酬の平均は1・5%となっています。世界的な低金利の中、こうした高いコストを上回るリターンをあげることは容易ではありません。日本の家計金融資産全体の運用による増加分が、過去20年間でプラス19%と、米国のプラス132%と比べてはるかに小さいことは、こうした投信の組成・販売のやり方も一因となっているのではないでしょうか」

「客観的な数字でみても、リーマンショック後の2009年から2015年までの6年間で、我が国の銀行預金は全体で589兆円から730兆円へと140兆円増加したのに対し、銀行の窓口販売による投信残高は、同じ期間に23兆円から22兆円に微減しています。更に長いスパンで見ても、家計金融資産に占めるリスク性資産(株式・投信等)の保有割合は1990年の13・2%から、2015年には14・5%とほとんど増えていません」

「皆様は、こうした状況をいつまでお続けになるつもりですか? 投資商品を買ってても思うようなリターンをあげられなかった顧客は、投資額を増やすものでしょうか? そうした商品を勧めた金融機関との取引をずっと続けるでしょうか? そうしたビジネスのやり方は国際的に競争力を高めていけるのでしょうか?」

（2017年4月7日、日本証券アナリスト協会第8回国際セミナー「資産運用ビジネスの新しい動きとそれに向けた戦略」における森金融庁長官基調講演）

こうしたメッセージには、**長年にわたり日本の資産運用業界で横行していた「自社本位」の姿勢に対する森長官の強い問題意識が表れている**と思います。

金融庁がつみたてNISAを創設。本気で「個人の資産形成を支援する」

これらの問題の抜本的な改革の手段として、金融庁が**「個人の資産形成を支援するための税制上の優遇措置」**として新たに創設したのが**「つみたてNISA」**です。

つみたてNISAとは、投信の「積み立て」を対象とした制度です。投資をして儲けた利益には通常、約20％の税金がかかりますが、**つみたてNISAなら運用益が非課税**になります。

また、詳しくは後述しますが、**金融庁はつみたてNISAの対象となる商品を限定**しています。これまで業界で売れ筋だった毎月分配型などの商品、手数料が高い商品は、つみたてNISAの対象外です。**長期投資に向かないと考えられるものが排除さ**れたことで、つみたてNISAを利用する人が安心して商品を選べる環境が整ったといえるでしょう。このような後押しにより、金融庁は皆さんに**「長期・分散・積み立て投資」を促す**ことにしたわけです。

金融庁が「積み立て」を勧める理由

金融庁が積み立て投資を打ち出しているのは、積み立てにたくさんのメリットがあるからです。私たちも「草食系投資」の具体的な方法として、これまで積み立てを強くお勧めしてきました。

ここで、積み立ての魅力についてしっかり説明しておきたいと思います。

積み立てのメリットとしてまず知っていただきたいのは、**「複利効果」**です。

たとえば、22歳から60歳まで、20代では月1万円、30代で月3万円、40代で月4万

図3-1 複利効果のシミュレーション

積み立て計画

年代	期間	月々の積み立て額*1
20代（22歳から）	8年（96カ月）	1万円
30代	各10年（120カ月）	3万円
40代		4万円
50代		5万円
合計	38年（456カ月）	

→

積み立て方法

① タンス預金（利息なし）

② 定期預金（想定利回り0.8%）

③ 投資信託（想定利回り5%）

	積み立ての結果	投資信託との比較
タンス預金	1,536万円	49.7%
定期預金	1,724万円	55.8%
投資信託	**3,092万円***2	

*1　積み立てたお金は12月31日に銀行や証券会社へ預け入れることとする（22歳のときに預けたお金に利子が付くのは23歳になってから）。なお通常の積み立ては毎月行うことが可能だが、このシミュレーションでは年単位で簡易化

*2　コスト（ひふみ投信の場合）控除後の金額

円、50代で月5万円を積み立て、①タンス預金　②定期預金（想定利回り年0・8％）③投資信託（想定利回り年5％）で運用したとします（図3－1）。

すると、60歳のときの積み立ての結果は、利回りがまったくないタンス預金の場合には1536万円です。一方、投資信託では年率5％の利回りで運用できたら、60歳には3092万円になります（コスト控除後。ひふみ投信のコストでの場合）。なんと、**タンス預金に比べて1556万円もの違い**が出ています。これこそ「複利効果」の力です。

なお、「複利効果」の力は投資の期間が長ければ長いほど大きくなります。ですから、**積み立てはとにかく「早く始めること」が大切**です。シミュレーション結果でも、「20代の毎月1万円」が土台になって、後になってじっくり生きてきています。

積み立てのもう1つの大きなメリットは、**「時間分散」**にあります。

積み立てで毎月一定額ずつ投信を買っていくと、**「基準価額が低いときには口数を多く、高いときには少なく」買う**ことになります。

図3－2をご覧ください。

まず、毎月1万円分ずつ、4カ月にわたって投信を積み立て購入するとします。グラフのように基準価額が推移したとすると、4月には基準価額が1万円なので、1万円で1口買えます。5月には基準価額が9000円に下がったので、1万円で買えたのは1.11口。6月はさらに基準価額が8000円に下がったので、1万円で1.25口買えました。その後、7月に基準価額が1万3000円に上昇したので、1万円で買えたのは0.77口となりました。

このケースでは、投資金額は4万円で4.13口買えたので、**1口当たり9685円**となります。

一方、毎月1口ずつ買った場合はどうなるでしょうか？　投資額は4月が1万円、5月は9000円、6月は8000円、7月は1万3000円ですから、合計で4万円。つまり、**1口当たり1万円**です。

このように、**毎月一定額を買い続けると価格の上下を経たときに平均的な購入単価を抑えることができる**のです。これを**「ドル・コスト平均法」**といいます。

多くの人が投資を「怖い」「難しい」などと感じるのは、「低いときに買って高いときに売る」のが難しく、「一発勝負」に負けると大損してしまうことがあるからでしょう。投資のタイミングを読むのは想像以上に難しいもので、長年投資に携わっているプロでさえ読み間違えることは少なくありません。

実際、先ほどのシミュレーションのように平均年率5％のリターンを上げる投信を買うことを想定すると、ある年に基準価額が10％下がることもあれば、10％上がる年もあるものです。リーマン・ショックのような経済危機があれば、あらゆる資産の価格が大きく下落することもあります。

それに、**人間の感情には必ずバイアスがかかる**ものです。少し値上がりすると、もっと値上がりする可能性が高くても「利益をすぐ確定したい」と感じて早々に売ってしまったり、逆に買ったものが値下がりして今後も下がる可能性が高い場合でも、「損失を確定したくない」という気持ちが生まれてなかなか売却できなかったりします。

もともと感情が勝って合理的判断ができなくなるのが人間というものであり、自分の心に勝って利益を上げていくのには相当なトレーニングが必要なのです。

図3-2 時間分散の仕組み〈ドル・コスト平均法〉

一定金額で定期的に購入すると、基準価額の低いときに多くの口数を購入でき、1口当たりの平均取得コストを平準化できる

●基準価額が下のように動いた4カ月の場合

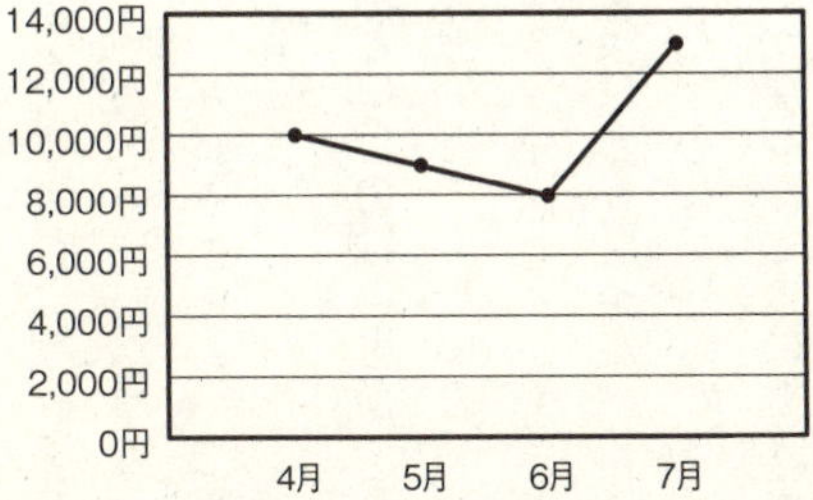

●1万円ずつ積み立てた場合

	4月	5月	6月	7月	合計
口数	1口	1.11口	1.25口	0.77口	4.13口
金額	1万円	1万円	1万円	1万円	4万円

→ 平均取得コスト
1口当たり **9685円**

●1口ずつ積み立てた場合

	4月	5月	6月	7月	合計
口数	1口	1口	1口	1口	4口
金額	1万円	9,000円	8,000円	1万3,000円	4万円

→ 平均取得コスト
1口当たり **1万円**

そこで、積み立て投資の出番です。

「毎月、同じ金額ずつ積み立てる」という方法で少しずつ投資をしていけば、「いつ買えばいいのか」「今は投資の始め時なのか」「リーマン・ショックのときのような暴落が起きたら……」などと悩む必要はありません。淡々と積み立てていれば、「安いときに買い逃した」ということも、「高いときにたくさん買ってしまった」ということも避けられます。

そもそも、**経済というのは「上がったり下がったり」を繰り返すもの**です。相場がずっと良いときも悪いときもないのです。

リーマン・ショックが起こったときも、「世界経済はもう終わりだ！」などと騒がれましたが、その後はどうだったでしょう？　世界各国で公的資金が注入され、経済は回復してきました。そして、あの暴落のときも投資をやめず、淡々と積み立て続けていた人は、相場が戻ったときに振り返ると結果的に大きな利益を得ることができたわけです。

定期的に積み立てする投資は、決して怖いものではありません。穏やかな心持ちで楽しく続けられる、まさに「草食」的な投資方法といえます。

日本に住む20歳以上の人なら誰でも使える

さて、ここでつみたてＮＩＳＡの中身を詳しく見ていきましょう。その中身を知ると、「積み立て投資を日本の文化にする」という金融庁の意気込みがうかがえます。特に、これまで投資をしてこなかった人たちにとっては、「つみたてＮＩＳＡを利用しない理由がない」といえるほどの制度です。図３－３をご覧ください。

まず、つみたてＮＩＳＡは「日本に住む20歳以上」の人なら誰でも利用できます。若い人はもちろん、たとえば**80歳からでも、つみたてNISAで長期投資をすることができる**のです。「人生１００年時代」、若者から高齢者まで誰もが長期投資の楽しさを味わえるのが、つみたてＮＩＳＡのすばらしいところです。

また、**払い出し制限がなくいつでも引き出せる**ので、さまざまな目的で利用できます。投信を積み立てられ、税制メリットのある制度には「ｉＤｅＣｏ（イデコ／個人型確定拠出年金）」もありますが、ｉＤｅＣｏは60歳以上の人が加入できないことや

60歳まで引き出せないことなどを考えると、**対象者の広さや自由度の高さという点ではつみたてNISAに軍配が上がるといえます。**

つみたてNISAの投資枠は「年間40万円」で、非課税期間は投資した年から「最長20年間」です。毎年、枠いっぱいの40万円を投資して20年間続けた場合、**最大800万円まで、運用益が非課税**というメリットを受けながら運用できることになります。

この「運用益が非課税」というメリットは、かなり大きなものです。たとえば運用して10万円の利益が出たとしましょう。通常は約20%が課税されるので、手元に残るのは8万円程度。これがつみたてNISAなら、まるまる10万円が手元に残るのです。**積み立て投資をすることで、国から「ご褒美」がもらえる**と考えてもいいでしょう。

毎月積み立てをして年間40万円投資する場合、月々の積み立て額は3万3000円程度（3万3000円×12カ月＝39万6000円）となります。もちろん、つみたてNISAは枠いっぱいまで使わなくても構わないので、毎月5000円、1万円と

図 3-3 つみたてNISAとは？

対象者	20歳以上の日本の居住者
各年の非課税枠	40万円
非課税期間	投資した年から最長20年間
商品の購入方法	積み立てによる買い付け
投資対象商品	国が定めた要件を満たす投資信託
商品購入可能期間	2018〜2037年
払い出し制限	なし（いつでも引き出し可能）

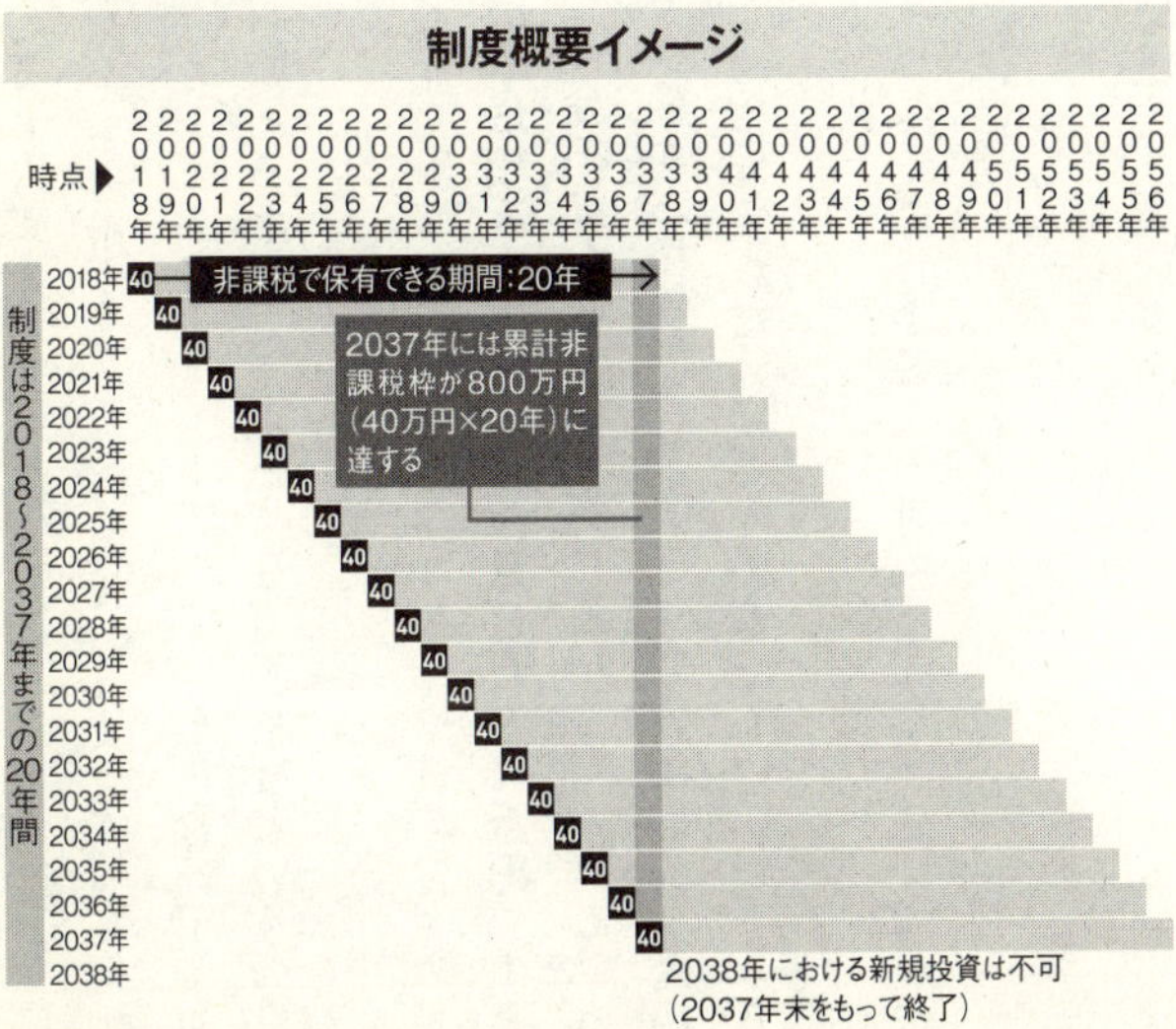

※その年に使用しなかった非課税枠を翌年に繰り越せない
※新規投資額が対象となるため、現在保有している株式や投資信託をつみたてNISA口座に移すことはできない

いった金額から積み立てをするのでも大丈夫です。

投資経験があり、まとまったお金を運用することに慣れている場合、「年40万円では魅力が薄い」と感じる人もいるかもしれません。しかし、一般的な家計で毎月積み立て投資に回せるお金がどれくらいあるかを考えると、3万円程度というのはほどよいともいえます。

実際、コモンズ投信やセゾン投信、レオス・キャピタルワークスのひふみ投信で積み立て投資をしている**お客さまの平均積み立て額は、毎月3万〜4万円**です。

つみたてNISAは、「大きなお金を動かしてバリバリ運用したい」という肉食投資家ではなく、「コツコツ長期で少額から積み立て投資をして資産形成したい」という草食投資家を目指す皆さんのために作られた制度だといってもいいでしょう。

また、先に少し触れましたが、つみたてNISAの対象となる商品は国が定めた要件を満たす投信だけです。具体的には、

・信託期間が無期限または20年以上

・分配金の頻度が1カ月以下の期間で設定されていないこと（つまり、毎月分配型などは対象外）
・デリバティブ取引による運用が行われていないこと（ヘッジ目的の場合を除く）
・投資家に信託報酬等の概算値が通知されていること（コストの明確化）
・金融庁に「つみたてNISA」の対象商品として届け出を行っていること

といった要件が定められています。

投信の中には、信託期間（投信を運用する期間）が短く設定されており長期投資には向かないものも少なくありません。この点、**つみたてNISAでは、長期投資を前提とした商品だけが対象**となっています。

また、毎月分配型やデリバティブ取引による運用を行うものなど、長期資産形成のための積み立て投資に向かない商品は除外されています。

販売手数料はゼロという条件があり、信託報酬にも上限が設けられているので、**手数料が高い商品はラインアップされていません。**

また、一般的なインデックス投信（日経平均株価などの指数＝インデックスに連動するように運用される商品）が多く対象になっており、**アクティブ運用の投信については「継続して投資家に支持・選択され、規模が着実に拡大しているもの」だけを対象としている**のもつみたてＮＩＳＡの特徴です。

アクティブ投信については、具体的には、

・純資産額が50億円以上

・設定から5年以上経過していること

・信託の計算期間のうち、資金流入超の回数が3分の2以上であること

等のより厳しい条件がさらに課せられています。第2章で紹介したように、資産運用業界では、次々に新しい投信を設定しては顧客に乗り換えさせ、設定直後だけドンとお金を集めるという悪習がありました。そういった〝粗製乱造〟の投信は、この条件を満たせないわけです。

この結果、２０１7年10月13日時点でつみたてＮＩＳＡの対象となる商品は、およそ５０００本の公募株式投信のうち１１４本のみ。そのうちアクティブ投信で対象になったのは、たったの14本だけです。

なお、つみたてＮＩＳＡは、**現在のところ時限措置**で、商品購入可能な期間は２０１８～２０３７年と決められています。しかし、つみたてＮＩＳＡが広く普及して多くの方に利用されるようになれば、いずれは恒久化されることになるのではないかと期待しています。

つみたてNISAで草食投資家になろう

コモンズ投信の「コモンズ30ファンド」、セゾン投信の「セゾン・バンガード・グローバルバランスファンド」「セゾン資産形成の達人ファンド」、レオス・キャピタルワークスの「ひふみ投信」「ひふみプラス」は、**いずれもつみたてNISAの対象商品**です。

私たちは、直販投信を始めたときから一貫して積み立て投資による長期資産形成のメリットや重要性を訴えてきました。３社とも**銀行からの自動引き落としによる積み立て購入サービスを提供**しているのも、コツコツ積み立てで投資をすることこそ最適な資産形成の方法だと考えているからです。

実際、私たちのお客さまは、およそ６～７割が積み立てで投信を買ってくださっています。

また、私たちのお客さまは、**現役世代が多いという特徴**もあります。大手の証券会社や銀行などで投信を買う人はまとまった資産を持つシニア層に偏っていますが、私たちのお客さまの**世代は幅広く、その多くが、特別な資産家というわけではない普通の生活者**の方なのです。

私たちの商品が「継続して投資家に支持・選択され、規模が着実に拡大している」投信としてつみたてＮＩＳＡの対象商品となったのは、長年にわたり、私たちのお客さまが「草食投資仲間」として積み立てを実践してきた結果ともいえます。

つみたてＮＩＳＡという制度がスタートしてからも、私たちのスタンスは変わることはありません。これからは、つみたてをＮＩＳＡが積み立て投資の普及を強力に後押ししてくれることでしょう。今後も、より多くの皆さんに「草食投資仲間」になっていただけるよう、私たちの理念をお伝えしていきたいと思っています。

皆さんもぜひ、つみたてＮＩＳＡで草食系投資を始めてみませんか？

第4章

「草食系投資」をどの投信で実践する？
——3社の特徴

✓第3章までをお読みいただき、いよいよ「積み立てで草食系投資を始めてみたい」と考えてくださった人も多いのではないかと思います。

✓そこでこの章では、3人が運用者としてどのような投信を扱っているのか、商品のコンセプトを説明します。

✓「草食系投資」と一口にいっても、まさに三者三様だということもおわかりいただけるでしょう。読者の皆さん一人ひとりが共感できる投信を見つけるヒントにしていただければと思います。

「ほったらかしOK」の草食系投資
――セゾン投信　中野晴啓

▼バンガードに学んだインデックス運用の妙味

私の実践する草食系投資は、藤野英人さんとも、渋澤健さんとも異なる**「インデックス運用」の活用と「国際分散」にこだわった運用スタイル**です。

セゾン投信には、バンガードのインデックスファンドを部品として活用し、ポートフォリオ（金融資産の配分）を創る「セゾン・バンガード・グローバルバランスファンド」と、経済活動に長期的に貢献する力のある世界中の企業から厳選して投資する本格的アクティブファンドを組み合わせた「セゾン資産形成の達人ファンド」という2つの商品があります。

このうち、まずは「セゾン・バンガード・グローバルバランスファンド」についてご理解いただくために、「インデックス運用」とは何か、考え方を簡単に説明しましょう。

投資信託には大きく分けて**インデックスファンドとアクティブファンド**があります。インデックスファンドとは、ファンドの基準価額が日経平均やダウなどの指数（＝インデックス）と同じ値動きを目指す運用をする投資信託です。積極的（＝アクティブ）の反対ですから、パッシブ運用ともいわれます。

対して、アクティブファンドは、ファンドマネジャーと呼ばれる運用担当者が銘柄選定や売買タイミングを工夫して、最大の運用成果を目指していくというものです。つまり、**インデックス運用は市場の「平均点」をとりにいく投資、アクティブ運用は平均点＋αをとりにいく投資**、と表すことができるでしょう（図4－1）。

「セゾン・バンガード・グローバルバランスファンド」はファンド・オブ・ファンズ（投資信託に投資する投信）で、インデックスファンドを組み合わせることにより、世界の株式と債券に分散投資する商品です。1本で世界中に分散投資でき、リスクを抑えながら安定したリターンの獲得を目指しています。

私がインデックス運用の有効性を知ったきっかけは、ある1冊の本との出合いでした。米国運用業界では著名なチャールズ・エリスの著書『敗者のゲーム』（日本経済新聞出版社）です。この本は個人投資家向けの古典的名著で、インデックス運用の優位性を説いています。**「いかに勝つか」を競うのではなく、「いかにミスをなくし、負けないか」を争うのが株式市場であると論じています。**

この本に出合ったのは、私が資産運用業界の現実に直面し、外国投信の運用に行き詰まっていた頃のことだったと思います。ここで改めて、自らの経験と体で覚えてきた長期投資を「理論」として振り返るようになりました。

私はそれまで、運用といえば自ら市場のダイナミズムを体感しながら相場のうねりを見極めて行動することと考えていましたので、ある意味でこの本の理論はアクティブ運用者として否定されるようなものでした。

しかし、インデックスを活用した市場平均をとりにいくパッシブ運用の合理的証明には、自らの経験があるからこその納得もありました。

図4-1 アクティブ運用とインデックス運用の違い

アクティブ運用

アクティブ運用のメリット

・超過収益を期待できる
・投資信託を選ぶ楽しみがある

アクティブ運用のデメリット

・インデックス運用よりコストがかかる
・市場平均に負ける可能性がある

インデックス運用

インデックス運用のメリット

・コストが安い
・平均的リターンを確実に得られる

インデックス運用のデメリット

・他人に勝つ優越感は味わえない
・ユニークな商品に出合う楽しみがない

同時に、「バンガード」という米国が生んだ偉大なる投資家本位の運用会社を知りました。**バンガード社は世界最大級の運用資産規模を誇る投資信託会社**で、**「長期・分散・低コスト」**での投資を提唱するインデックスファンドのパイオニアです。

私が自らの経験で積み上げてきた「先を読み込む長期投資」と、チャールズ・エリスが説き示し、バンガードが実現させている合理的長期投資が私の中で結びつき、「セゾン投信」が体現する長期投資の1つの形として、バンガードのインデックスファンドを組み合わせたパッシブ運用型アクティブファンド「セゾン・バンガード・グローバルバランスファンド」が誕生しました。

相場のうねりをあえて無視して、実体経済の大きな循環を見てみたとき、**実体経済の成長を形作るのはその循環サイクル**であって、それは相場の上下という波しぶきではなく、大河の流れのようなものです。

私は、この**大河の流れに自然体で乗っていくのがインデックス運用を活用した長期投資**だと考えています。これにより私たちは、経済成長の「平均」をなぞっていくことができます。インデックス運用を活用するのは、そもそも「市場に平均点をとりにいく」ことですから、はなから勝つ気がない投資です。しかし、それは**「負けない投資」**でもあります。

だからこそ、人類の進歩、社会の発展、それに伴う世界経済の成長を信じて、次の世代へ思いを馳せながら、ゆったりと大河の流れに委ねることができる――このようなスタイルの長期投資は、1つの合理性を持つ真理だと私は考えています。

そもそも国際分散投資を徹底させた時点で、期待できる将来の運用成果は、「ほどほど」のものとならざるを得ません。一攫千金でバクチを打つのではなく、じっくりと地に足を着けて、将来に向けてゆったりのんびりとお金を実体経済に働きに出し、**たっぷり時間をかけて将来の果実を熟成させていく**のが、長期投資による資産作りであるともいえます。

そうした心構えを持った大多数の一般生活者にとって、インデックス運用を活用して市場全体の動きをなぞりながら、**世界経済の中長期的成長に自然体で乗っていく長期投資は実に明快で理解しやすい**はずです。

また、インデックスファンドの活用は**「コスト」面でも有利**だということを忘れてはいけません。

アクティブファンドの場合、運用担当者が投資先をリサーチし、積極的に売買していくため、どうしても一定水準のコストがかかります。

一方、指標に連動させていくことを目指すインデックスファンドは、基本的に運用にかかるコストが低いのです。

特に、バンガード社は創業以来、「徹底的にコストを下げる」という努力を続けている会社です。彼らはコストを下げる努力を続けることで他と差別化して将来的な長期投資の仲間を増やし、そこで利益を上げ、その利益を使ってさらにコストを下げるので、結局また投資家が集まる——この好循環のモデルを作り、世界最大規模の運用会社に成長したのです。

私はこの**「儲けようとしないからこそ、利益が上がる」**という仕組みに感銘を受け、バンガード社との提携を申し込みました。セゾン投信もバンガード社と同じく、できる限りコストを下げることで、投資家の利益の最大化を目指そうと思ったのです。

▶アクティブ運用の魅力を詰めたファンド

ここまでバンガードのインデックスファンドを組み合わせたパッシブ運用の有効性について話してきましたが、私はやはりアクティブ運用こそが資産運用の王道であると思っています。

この先にどんな変化があり、どのような価値が醸成されていくのかを予測し、仮説を立てながらストーリーを構成する。そしてそのストーリーに沿った社会の実現に根ざしたポートフォリオを作り、相場のうねりを全身で感じながら、ダイナミズムに勇気と胆力を持って挑む運用に、夢や思い、強い意志をこめていく――。

私は運用者としての経験から、その面白さを知っていますし、やはり**アクティブ運用は絶対不可欠**であるとの思いがあります。また、投資にワクワク感を求め、運用の楽しさを求める人にとっても、やはりアクティブ運用は必要なのです。

そこでセゾン投信が用意したのが、株式中心の本格的アクティブファンド「セゾン資産形成の達人ファンド」です。

「資産形成の達人ファンド」は、アクティブといっても、高リターンを目指してガツガツと投資していくわけではありません。経済の循環の大きな流れを見つつ、長期的な事業価値を見出せる企業の株式を厳選して保有することで**「経済成長＋α」の利益を得ていく**ことを目指しています。

バランスをとって経済成長を「自然体」でとっていくのか、それとも社会をリードする付加価値を有するビジネスを厳選して超過リターンをとりにいくのか。セゾン投信が用意する2つのファンドは、投資対象も目指す利益水準も違います。

しかし、共通しているのは徹底した「国際分散」という考え方です。それは、**私たち日本人が投資を考えるにあたって、「国際分散」の発想を持つことはもっとも重要**だと感じているからです。

なぜ「国際分散」の発想が必要なのか

長期での資産形成を考えるにあたって、なぜ世界に目を向ける必要があるのでしょうか。なぜ私たちが住む日本に投資するだけでは不十分なのでしょうか。

特に投資初心者にとっては「海外に投資」といわれたら、何だかハードルが高く感じられるかもしれません。日本人なのだから身近な日本株や国債を、と考える人も多いでしょう。

ここで、日本が歩んできた道を振り返ってみましょう。そして現状、**日本が世界でどのような立ち位置にいるのかを考えてみたとき、「世界投資」の必要性が見えてくる**はずです。

私たちの親世代が歩んできた戦後という時代の日本は、奇跡的ともいえる急成長期でした。1955年から1985年までの30年間で日本のGDP（国内総生産）はざっと12倍近くにまで拡大し、あっという間に世界第2位の経済大国にまで躍進してしまったのです。

もちろん日本国民はこの成長の恩恵を大きく受けました。政府は国民に預貯金を奨励し、国はそれを元手に、財政投融資（大蔵省資金運用部〈現財務省〉が郵便貯金や年金積立金などの資金を全額預かり、資金運用部から特殊法人〈公庫や公団など〉に融資する制度）と国策銀行を通じて、鉄鋼、自動車、電機など重厚長大産業を重点的に育成しました。

企業が成長すれば、給料も上がります。また、活発な経済活動で資金需要が高いために、預貯金の金利も高水準でした。

つまり、当時の日本では、右肩上がりの所得と預貯金の金利だけでそこそこの資産形成ができたわけです。**「1億総中流社会」**と呼ばれた時代です。

ところが、**今の日本ではそれは夢物語**です。

1990年代のバブル崩壊後、日本は急速に成熟化してしまいました。**「サラリーマンがどんどん貧しくなっている」**……おそらくそんな実感を皆さん自身がお持ちではないでしょうか。

給料が減っているために、消費は活性化しません。物が売れないから、物の値段もどんどん下がっていきます。経済成長が止まってしまっているので、銀行の金利も低いままです。日本は格差拡大、人口減少も伴った、深刻なデフレスパイラルに入ってしまったのです。

すでに、国任せで自動的に資産形成できる時代は終わりました。そして**人は、時代**

の変化に合わせて生き方を変えていかなければならないのです。

現状に悲観的になるのも仕方がないかもしれませんが、ここで世界に目を向けることで、意識は少しずつ変わってくるはずです。**地球というステージを見てみると、実はそこには経済成長の機会があふれているか**らです。

資本主義陣営と社会主義陣営の対立、いわゆる「冷戦」が終結した1989年。日本がバブルの絶頂を迎え、その後のバブル崩壊の痛みにあえいでいる頃、世界の構造はダイナミックに動き出していました。それまでの断絶が解消されるやいなや、経済が成熟化し成長が鈍化していた先進国は、こぞって次なる経済成長の機会を求めて、安い労働力の獲得へとアジア、東欧、そして南米など後進国へ進出しました。

こうして、限られた先進国だけのものであった経済成長が地球全体に広がっていったのです。

21世紀に入り、その勢いはさらに加速します。**「グローバリゼーション」**という言葉が浸透していきました。交通や金融システムの発達、そしてインターネットの普及を背景に、ヒト、モノ、カネが国境を越えて自由に移動することができるようになったのです。

一方この頃、無数の民を抱える中国が高度経済成長のステージに突入、程なくそれに次ぐ人口を誇るインドが追随し始めていました。

そして、2008年のリーマン・ショックと金融危機を経て、21世紀グローバリゼーションは第2ステージに入ったといえます。「100年に1度」とまでいわれた世界同時不況は、思いのほか早く底入れを見ることができましたが、この成長回復の源泉はやはり中国でありインドだったといえるでしょう。つまり、地球経済成長のリードを新興国も担えるようになったということです。

今後は中国、インドの成長のステージは、中東諸国やアフリカ諸国にまで広まっていきます。先進国をはるかに凌ぐスケールの人々が、世界の需要の担い手となります。本格的に地球経済の成長軌道を描き出したのです。

経済成長を支えるマネーは地球上を循環しています。新興国経済という新たな成長の源泉と先進国経済が補完し、相乗し合う。**息の長い安定した一体的な成長軌道が続く**ことでしょう。

グローバリゼーションの大河の本流に乗り続けるために

私たち日本人が、これから実体経済の大河の流れを見据えた長期投資を目指すなら、日本だけにとどまっていてはいけません。**大河は地球規模の経済**です。世界全体に投資する、適切な国際分散投資を徹底させることが重要だと考えています。

では、具体的に国際分散投資を手がける場合、どのような基準を持って考えていけばいいのでしょうか。

国際分散投資といっても、ただやみくもにあっちこっちとランダムに投資したり、あるいは各地域を適当に切り分けて、それを均等に組み合わせたりといった単純思考では、グローバリゼーションの大河の本流に乗り続けることはできません。**いい加減なポートフォリオでは、気がついたら大河から外れた「支流」に流されてしまう**かもしれません。

そうならないためには21世紀グローバリゼーション構造を担う成長の源泉がどこにあり、その成長がどのような流れで支えられ、またその恩恵がどのようなプロセスで分配されていくのか、という**地球経済の枠組みを理解**しておくことが大切です。その枠組みに沿った適宜適切な投資比率を常に維持して、調整していく。それが国際分散投資です。

このマネジメント（舵取り）にこそ、**運用のプロの技術とメンテナンス能力が問われます。**

グローバリゼーションの成長の源泉はどこにあるのかというと、これから産業が高度化し、中流層の増加が劇的に始まった中国、インド、あるいはASEAN諸国に目が向けられます。しかし、その成長を支えているのは、先進諸国のより高い技術や製品、サービスです。一方で、新興国が作り出す商品の消費先として先進国経済が存在しているということでもあります。つまり、新興国と先進国は、多極的、複合的に補完、役割分担しているわけです。

こう考えてみると、「これからは新興国だ」「いや、やはり先進国だ」という議論はナンセンスかもしれません。成長率は低いけれども安定している先進国、成長率は高いけれども不安定な新興国、どちらも織り交ぜて平均的な利益を継続的にとっていく――それが、**個人でも落ち着いて投資を続ける秘訣**ではないでしょうか。

セゾン投信が実践する国際分散投資は、世界の金融市場の規模をベースとしています。「セゾン・バンガード・グローバルバランスファンド」では、世界の金融市場の規模をベースとした投資割合にリアルタイムに調整し、かつ株式と債券を常時半分ずつ保有することで、**自然体で安定した世界全体の成長軌道をなぞる**ことができるように運用設計しています（図4－2）。

投資に興味のない人にも資産形成が可能

私は、投資運用の世界はすべての人が楽しく喜んで親しめるものではない、とも思っています。世の中の生活者のほとんどは「投資は難しいもの」と考え、自分の関心の対象外としていることでしょう。

この点、国際分散のインデックス運用を活用した投信なら、個人投資家の皆さんを煩わせることはありません。**いつでも誰でも、一般生活者が長期投資家として簡単に行動に移せる**設計になっています。

長期投資は、皆さんが将来の経済的自立を果たすためにぜひ取り組んでほしいものですが、一方で人生のメインストリームになるものでもありません。

一人ひとりが大切にすべきものは、自分自身の人生作りであるはずです。

自らの価値を高めるために、一生懸命勉強して、仕事に邁進する。

あるいは世の中に貢献するために努力し、趣味に熱中し、家族に精いっぱい愛情を注ぐ。

人生の大切なことは人それぞれですが、そんな人たちにとって、投資に没頭することに費やす時間も心労も、人生にとっての無駄に過ぎないでしょう。

だからこそ**「放置して、忘れておいてもいい」、そんな投資方法を知り、実践していくことが、大多数の生活者のニーズになる**のだと私は確信しています。

そして、この社会的ニーズに応えることに、本格的な長期投資ファンドの存在意義があるのです。

図4-2 国際分散投資の資産配分の実例
（セゾン・バンガード・グローバルバランスファンドの資産配分）

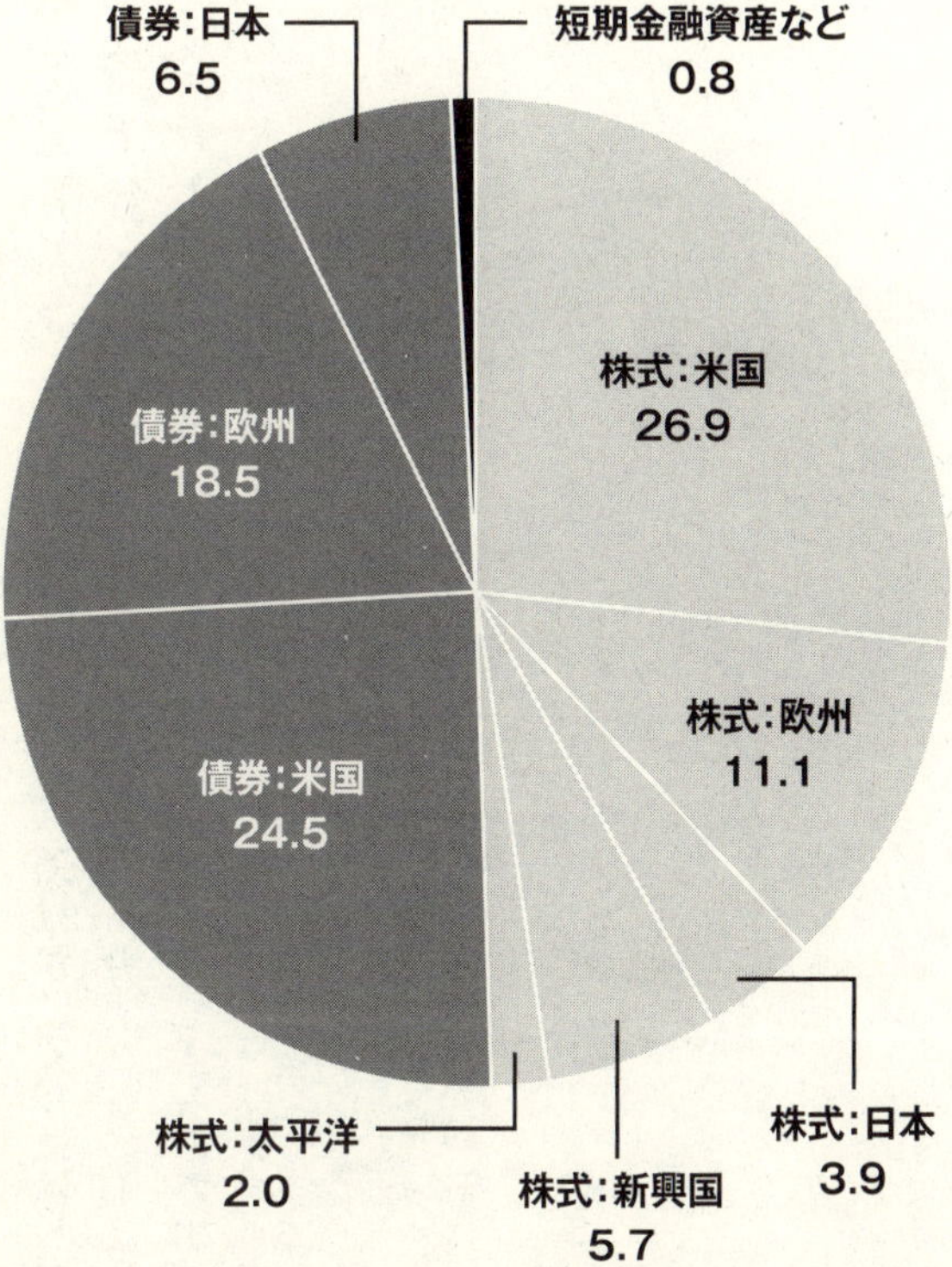

単位：%

※2017年6月末時点

たとえ小さな元手しかない人でも、「時間」をたっぷりかけてお金にじっくりと働いてもらえば、そこそこ十分な資産作りができます。この方法なら、1億2700万人の日本の生活者すべてが、将来に向けた資産形成を可能にできるのです。そしてこれこそが、私の考える「草食系投資」なのです。

世代を超える「30年」の目線で考える草食系投資

――コモンズ投信　渋澤健

上を向いて歩くことで歩む道も変わってくる

私が提案している草食系投資は、**厳選した日本企業に「30年投資」する**という理念です。

「長期投資」という言葉はよく聞くと思います。しかし、「30年投資」はどうでしょうか？　皆さんが抱く投資のイメージと、「30年」という言葉の間にはおそらく乖離があるはずです。気が遠くなり、非常識に聞こえるかもしれません。

ただ、**従来の固定観念から解かれると、視野が広がって、今まで見えなかったものが見えてくる**ものです。

「長期投資」という漠然とした表現では、それは1年なのか、10年なのか、はたまた20年なのか、投資する側にもされる側にも、伝わりにくいと思っていました。逆に、「30年」というメガネをかけてしまうことによって、新たにはっきりと見えてくるものもあるのではないかと考えたのです。

最初に誤解のないようにお伝えしておきますと、私たちが運用している「コモンズ30ファンド」は「30年投資」を掲げていますが、**30年間解約できないという意味ではありません。**公募投信で、毎日、解約できます。

また、30年間、投資先の企業を入れ替えなしで「バイ&ホールド」という意味でもありません。**「目先にとらわれず、30年の目線で投資を実施する」という精神、理念**を表しています。

そして、その実践に欠かせないのはこの理念に共感してくれる個人投資家の存在です。ですから、私たちはコモンズ投信に興味を持ってくださるお客さまには、この「30年投資」が象徴する持続的な価値創造の考え方からお伝えしています。

さて、そこで「30年投資」とお話ししたときに、大抵いただくご指摘が、「そんな

30年後のことなんか当てられっこないよ」というものです。同じように感じた読者の方もいるのではないでしょうか。

はい、その通り。30年後を確実に当てることは不可能です。30日後さえ無理ですから。

でも、30年後への道は確実に今日から始まっているのです。**30年後は、突然現れるものではなく、日々の生活をしっかりと歩んでいるからこそ、訪れるもの**だからです。

30年というメガネをかけると、「今」の捉え方が変わります。ただ現況を見極めるために下だけを向いて歩くことと、「30年後」という上を向いて歩くこととでは、景色も変わり、当然、歩む道も変わるのです。

30年という時間はちょうど「一世代」にあたります。自分の利益だけを求めた投資ではなく、次世代にお金を通じて思いを託す、という発想も生まれるのです。

あなたの30年後をイメージしてみてください。あなた自身はいくつになっていますか。あなたのお子さんは、お孫さんはいくつになっていますか。

また、自分に子どもがいなくても、自分がどれほど長くこの世で過ごせるかわからなくても、人は誰かの役に立ちたいと、自分がいない世の中でも、後世の人々が幸せな日々を送っていてほしいと願うのではないでしょうか。

そのために、**自分のお金をどう使いたいか、どう生かしていくべきか**。そこに思いを馳せることから、30年投資は始まります。

30年投資とは、30年後を「当てる」投資ではなく、30年後という未来を、今からご自身がコモンズと共に「創る」投資です。投資先のアイデアも、その共創の発想から生まれてくるのです。

自分たちの声が企業の成長の源泉に

このような30年投資という長期的な視野を持った個人投資家は、企業側からも歓迎されます。「いつかコモンズに投資してもらえる会社になりたい」というお声も少なくありません。それはなぜでしょうか。

将来伸びる会社であっても、企業の経営努力が実るにはそれなりの時間がかかるものです。足元の業績でしか判断してくれない機関投資家やファンドは、業績の悪いときには逃げていってしまうのではないか、と経営者は不満を持つのです。

企業とは持続する存在、ゴーイング・コンサーンなので、常に株価をにらみ、出口戦略を持っているファンドに対して不信感を持っている経営者も少なくありません。コモンズ投信を創業する前の時代に出席していた経済団体の会合で某経営者が声をあげました。「ファンドなんて寄り添ってきても、株価が回復するとすぐに売り逃げてしまう。いいことをいっても、所詮、ハゲタカなんだよ」と。

ファンドの悪口をいわれて正直カチンとしました。でも、**永続を目指す経営者にとって、腰の据わった安定した資金こそが、共創を可能とする真の力**となり、そのような質の資金を供給できるファンドの存在が乏しいことは確かであると印象に残りました。

短期的志向の投資家ではなく、30年の目線を持つ良識的な個人投資家たちが経営者の意図を理解して応援してくれているとしたら、こんなに心強いことはないでしょう。30年というと、会社にとっては新入社員が社長になるくらいの長い時間。その目線でお付き合いしてくれる個人投資家は企業の永続的な成長にとっても貴重な存在です。

また、経営者や社員だけで企業の価値創造は不可能で、企業の商品やサービスを評価し、購入する生活者の存在は不可欠です。プラントなど大型設備建設や部品製造業など直接に消費者と接点がなくても、最終消費者が存在しなければ、その事業は存在しません。

一般個人とは、その最終消費者でもあり、投資家にもなり得るのです。良識ある個人投資家の存在は、経営の助言者としても企業の大きな味方です。彼らは最終消費者としての意見も持っているからです。彼らと対話することができれば、経営側からは見えてこない問題点や改善点などを発見することもできるかもしれない。

自分たちの声が企業の成長の源泉となる――こう考えるとワクワクしませんか。 それも30年投資の醍醐味といえるでしょう。

ただ、個人的なお付き合いがない限り、資本の少ない一個人が経営者サイドに意見をいう、ということはなかなか難しいのが現実です。そこで「コモンズ30ファンド」は、「30年投資」のファンドとして、30年投資の視点に共感する個人の長期投資を集めて、企業との対話を促す媒体となることを目指しています。

▶企業の「見えない価値」をどう見極めるか

30年投資は、通常の証券アナリストの分析手法とは異なります。足元の業績の当てっこではありません。**30年後の繁栄のために今、企業がどんなことに取り組んでいるのか、**という「目線」を重視します。

つまり私たち30年投資の投資家は、損益計算書やバランスシート（貸借対照表）といった「見える」価値だけでなく、長期的な繁栄に欠かせない企業のDNAのような**「見えない」価値にも着目**していかなければいけないのです。

企業も人と同じです。身長や、体重、年収など数値化されて「見える」価値だけで人間の価値を判断できないように、大勢の人間が集まった会社の価値も「見える」価値だけで評価できるわけがないのです。

見えない価値とは具体的にどんなことでしょうか。たとえば、

・**社内でコツコツと研究されていて、いつ開花するかわからない新技術**

・組織の中のコミュニケーション
・経営者や社員のワクワク度
・お客さんからの信頼度

などです。どれも正確に数値化できないものですよね。しかし、測れないから存在しない、大切じゃない、というわけではありません。

見えない価値を探ることは簡単ではありませんが、「見える」価値だけを用いて「コモンズ30ファンド」に組み入れることは決してしません。「見える」価値の分析は当たり前のことで不可欠です。ただ、それだけでは不十分で、企業の持続的な価値創造の可能性の投資判断を下すには「見えない」価値が必要なのです。

さて、その「コモンズ30ファンド」の投資判断のチェックポイントを次に紹介しましょう。

▶「コモンズ30ファンド」の5つのチェックポイント

私たちの投資対象は上場企業です。しかし、およそ3600社の上場企業のうち、私たちが現在において30年間繁栄すると確信を持てる企業は、それほど多くはありません。候補に挙がるのは、せいぜい数百社です。そこから30銘柄のポートフォリオに組み込むかどうかを検討する最終候補は、150社以下です。

この30銘柄に絞り込むのは、スコアリング・モデルなどで優位性を仕分けするような簡単なものではありません。定量モデルに頼るだけではなく、運用チームと投資委員会のメンバーの長年の経験に基づく、**属人的な「手触り感」で30年企業としての有望性について議論を繰り返し、最終的に決断**します。デジタル的なAI（人工知能）より、投資委員会メンバーの経験則に基づいたAI（アナログ・インテリジェンス）を活用します。

その手触り感には、5つのチェックポイントがあります。ただし、これもすべて達していないと投資対象にならないという厳格なルールではなく、30年投資の可能性を探るガイドラインになります。**画一性に縛られず、若干デコボコがあるからこそ、多様性に満ちた万全なポートフォリオ構築につながる**と確信しているからです。

その5つを一つひとつ説明しましょう。

①収益力

もちろん、30年後に繁栄している企業であれば収益力は重要です。収益性なき持続性はありえません。事業に投入している資本の効率性を意識して、**少なくとも8%以上のROEを目指してほしい**ところです。単にマーケット・シェアを獲得するのではなく、**粗利も安定的に維持できる事業**が好ましいです。

また、最終利益を内部留保としてため込むだけではなく、株主に還元する適切な配当政策も重要な要素です。

②競争力

30年後に人口が確実に減っている日本国内だけの競争力では、よほどのニッチでない限り、長期投資する魅力を感じません。きらりと光る革新力があり、世界の舞台などへ**新たな市場開拓力**がある会社こそが長期投資の対象になります。また、ブランドとは単に広報やマーケティングの手段ではなく、その企業の競争力と一体化している企業の真髄です。

③経営力

魅力的な会社には、当然ながら魅力的な経営者がいます。現在と未知なる未来をつなげるビジョンと行動力に満ちて、「智」「情」「意」の側面が優れている人物です。しかし30年投資の視点では、そのときの経営者だけではなく、次代の経営者も重要です。足元の業績が銘柄の入れ替えのきっかけになることはありませんが、30年投資では、**経営者の交代はもっとも重視する判断材料**の1つです。

④対話力

一般的にいわれる「シェアホルダー（株主）資本主義」におけるガバナンス（企業統治）と異なり、30年投資が重視するのは「ステークホルダー（株主、顧客、取引先、社員、社会など）資本主義」におけるガバナンスです。経営者一人が企業価値を創造しているわけではなく、その企業価値の果実のすべてが株主に依存しているのではないからです。ガバナンスとはルールや法令を遵守することや形式だけではなく、持続的な価値創造の土台になるプリンシパルや原理原則です。**さまざまなステークホル**

ダーとの対話に優れている会社は、持続的な価値創造の確固たる土台を持った会社です。

⑤企業文化

30年後も繁栄し続ける企業には、普遍的な精神や思いが必ず社内に浸透しています。それは、生き生きして元気のある役職員かもしれません。モノ作りが何より好きな職人性かもしれません。過去の成功に溺れていない謙虚さや失敗が生かされ続けている向上心かもしれません。責任を持って行動する現場力かもしれません。

進化論によると、環境が変わったときに生き残ったのは、一番強い種や賢い種ではなく、もっとも環境に適応できた種であるといわれています。企業も同じだと思います。30年という長い年月で事業環境が変わっても、**その会社のDNAであるコア・コンピタンスを活用しながら、新しい環境に適応できるか**は、30年投資にとってもっとも重要な要素です。

30年投資の5つのポイントを紹介しました。この中で、簡易に数値化することができ

図4-3 「コモンズ30ファンド」の5つの価値判断

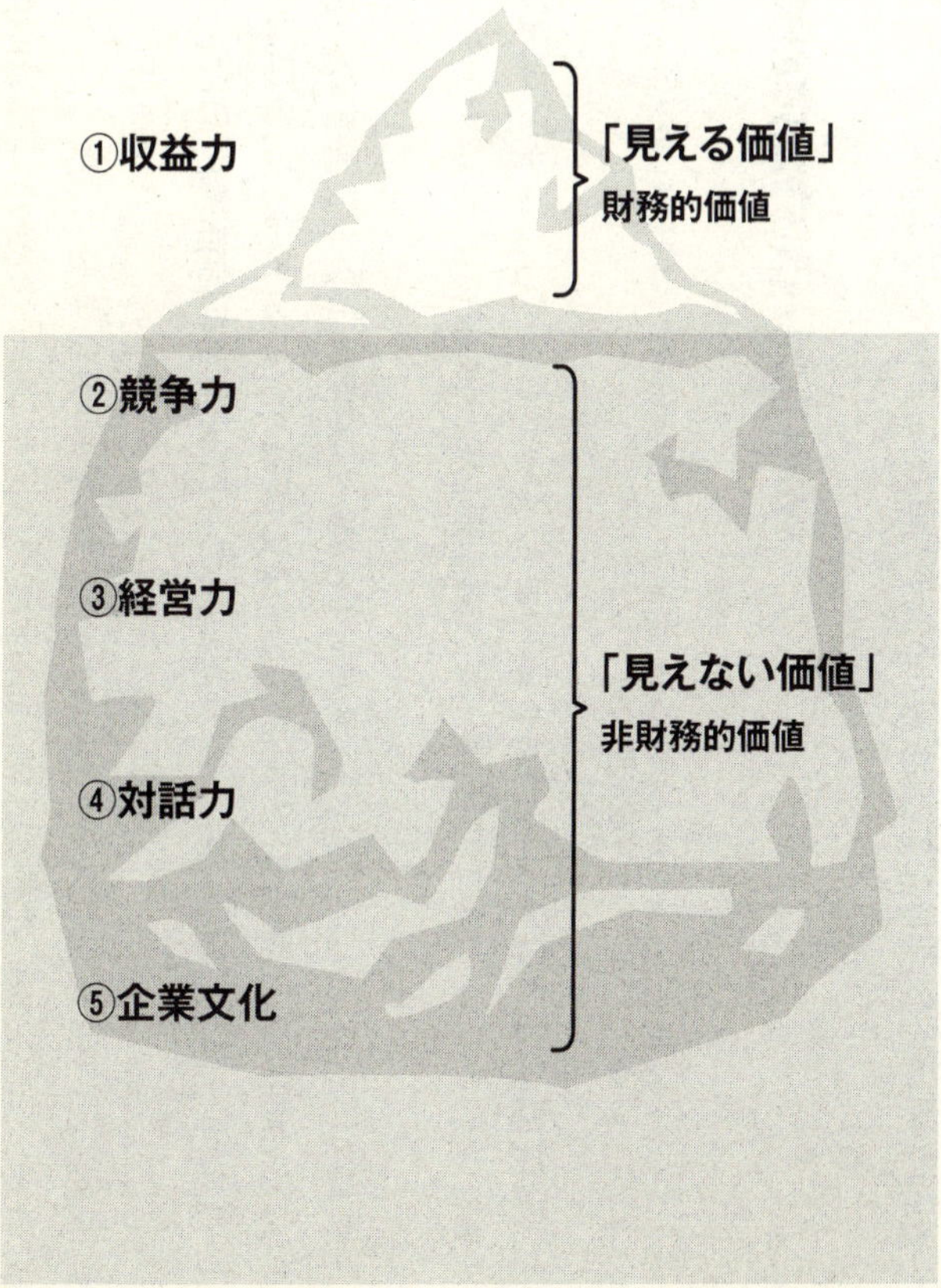

きるのは①収益力だけであることにお気づきでしょうか。数値化できるということは見える化が進むので便利です。別の言い方をすると、海面上に見える氷山の一角に過ぎないということです。

実は、**ほとんどの企業価値は海面下になり見えない**のです（図4－3）。②競争力、③経営力、④対話力、⑤企業文化、と深層が深まれば深まるほど数値化が難しくなる。そして、持続的な価値創造への重要性が高まるのです。

30年という未来を見通して投資する企業価値の真の判断には、デジタル的な運用手法モデルでは限界があり、**「0」と「1」の間を読み取る、アナログ的な感性**が必要になります。

正確な解を求める思想より、正確な問いが重要な投資です。

30年投資を投資信託で実践する

私たちが「コモンズ30ファンド」で投資している30銘柄は、弊社のウェブサイトで公開しています。ですから、運用のマネをしようと思えばそれらの銘柄に個別株投資をすることも可能です。

ただし、コモンズ投信を通じてだからこそできることがあります。**それは「対話」です。**

私たちの設立理念には、個人投資家と投資先の企業との接点の場を設けることがあります。これは、当たり前のことだと思うのですが、実際は、投信会社が投資先の会社の声を直接的に個人投資家に提供する実例はほとんどないようです。コーポレートガバナンスの世界的権威である某氏に、「コモンズ30ファンド」の「対話」について説明したところ、「ベネフィシャリー（受益者＝一般個人）と企業とのエンゲージメント（対話）に取り組むことは革新的だ」と評価をいただきました。

私たちがファンド運用者として企業のすべてを知ることは無理です。それでも、**自分たちの経験に基づいた知見に加え、私たちの仲間である30年投資の個人投資家の参加によって得られた気づきがあれば、よりよい運用結果につながる**と思っています。

ファンド設定から間もなくのときに開催したセミナーにお招きした投資先のＩＲ（投資家向け広報）担当者と終了後にお話をしたところ、「就任してから何十回と個人投資家向けの説明会で話をしたけれど、運用会社が主催する個人投資家向けセミナーは今回が初めてだ」と評価してくださいました。

証券会社は、株価の上昇局面では個人向けセミナーを提案してくるものの、株価が低迷しているときはその頻度が極端に減るようです。この点、目先の株価ではなく、「30年」目線の企業価値に関心がある私たちは、足元の株価と関係なく対話を促したいので、証券会社とは姿勢が異なります。

また、経営者に30年投資の声を届けるためには、**「手紙」というアナログな手段も有効**であると思っています。

投資先企業の経営者に、私たちからお便りをお送りすることは重要で、もちろん、運用者の目線だけではなく、30年投資のお仲間の声も集約して、経営者にお伝えすることが、この「文通」の目的だと思っています。

もちろん、経営者にお手紙をお送りしても、社長は多忙です。お手紙が大企業の組織のどこかの部署へ回ってしまい、音沙汰無しの場合もあるでしょう。

しかし、これも企業文化を知るというリサーチのデータポイントになります。ただ、私の経験上、建設的な内容で何らかの気づきを定期的に提供できれば、お手紙を読んでくださる経営者は案外多く、律義にお返事を返送していただける場合も少なくありません。

一般の小口投資家の場合、個人的なお付き合いがなければ、経営者トップと「対話」することは困難でしょう。まさにここに投資信託・「mutual fund」の意味を発揮できるのです。「mutual」とは「相互に同じ関係にある」という意味です。つまり、共創するファンドです。

投資先の30年後の繁栄に貢献したいという声には、経営者は耳を傾けるはずです。

コモンズ投信は、投資家それぞれが30年投資にかけた思い＝「滴」を、「大河」にするために存在しています。

滴が集まって、チョロチョロと流れが生じます。この小さな流れが、同じ方向に向かう他の流れと合流すれば勢いが増します。このように流れがどんどん集まってくれば、いずれ、ポタポタ垂れていた滴が大河となり、社会を動かす原動力になり得るのです。

思いの共感によって「滴」が集まり、共助によって互いを補うことで、新しい時代を共創する大河となる。

滴のような思いが、滴のようなお金と合体すれば、「共創資本」が誕生します。共創資本主義の滴が大河となったとき、どのような新たな世界が拓けてくるのでしょうか。

この新しい時代を拓く主役は、私たち個人です。

日本株でもしっかり儲ける草食系投資

——レオス・キャピタルワークス　藤野英人

大きく飛躍する企業に先回り投資すること

私はこれまで、日本の株式、特に中小型の成長株を運用するファンドマネジャーとして経験を積んできました。ファンド出資者の代わりに、大きく利益成長が見込まれる銘柄を選び出し、適切に投資していくのが私たちの仕事です。日本株に成長のイメージを持っていない方も多いかもしれませんが、大きく飛躍している企業はたくさんあり、十分な収益チャンスが転がっています。

3600社ある上場企業の中から、どうやって大きく育つ銘柄を見つけるのか、そして、いつ買っていつ売るのか。ここでは、私が身につけてきて、現在「ひふみ投信」

で採用している**プロの技**をお伝えしていきたいと思います。**長期的な視点で日本株投資にチャレンジしてみたい、という方にも参考になるはず**です。

多くの個人投資家は最初から「株価が上がる銘柄」を探そうとすることに力を注ぐあまり、株式投資の本質から外れ、日々の株価の値動きに翻弄されているように思います。プロの推奨銘柄に乗ったり、株価の勢いがいい銘柄に手を出したりして、**結果として「カモ」になりやすい**のです。まずは、シンプルに本来の株式投資の意味を考えることから始めましょう。

そもそも株式とは何でしょうか。

企業は会社を設立するときなどに一定の資金が必要になりますが、その資本を集めるための手段が株式です。株主は資金を出資して（株を買って）企業を応援する代わりに、利益の分配を配当として受けることができますし、投資した企業が利益をあげて成長していけば、その企業の株の価値は高くなっていきます。価値が高くなって元の株を売却すれば、投資家にとって買取金額と売却金額の差額分だけ利益が生じることになります。

株主にとっての儲けは2種類あって、配当のような形で利益を得ていくのをインカムゲイン、買取と売却の価格の差額で発生する利益をキャピタルゲイン、といいますが、やはりキャピタルゲインを狙っていくことが、株式投資の醍醐味だといえるでしょう。株価が将来的に大きく伸びる銘柄を見つけて早く仕込んでおくのです。

小さい芽が出たばかりのうちに投資して、大きな木に育つのを待つ。あるいは、**一見枯れたように見えているときに投資して、生き生きとした木に回復するのを待つ。**

これが私の〝草食系〟投資スタイルといえます。

利益の伸びる会社が株価の伸びる会社

どうやって株価の伸びる会社を見つけるのでしょう。

「P（株価）＝ＥＰＳ（1株当たり利益）×ＰＥＲ（株価収益率）」という計算式があります（図4－4）。大雑把にいえば、ＥＰＳは「利益」、ＰＥＲは「人気」の要素。つまり、株価は「利益」と「人気」によって決まっていくのです。

図4-4 株価はどうやって決まっている？

P ＝ EPS × PER

株価 ＝ 1株当たり利益 × 株価収益率

1株当たり利益
▼
- 利益
- 情熱
- 工夫
- 頑張り

株価収益率
▼
- 人気
- 金利
- 為替
- 市況

私が投資先の選び方で重視しているのは「利益」のほうです。人気は短期的に上下しますが、いずれ株価は利益成長に収《しゅう》斂《れん》していくからです。

短期的に株価が上がるか下がるかを当てるのはプロでも難しいものです。長期的に「利益」をきちんと上げ続けていられる会社を探すことのほうが、株式投資の恩恵を受けられる確率が高いのではないかと思っています。

また、長期的に利益を会社に投資するということは、本質的には「社会貢献」の意味合いも持っています。

企業が利益を上げていくということは、商品・サービスを通じて、多くのお客さまの信任を得ていくことです。法律を破ったり、お客さまを裏切る行為はインターネット時代にはすぐ明らかにされます。高すぎる商品やサービスは競争相手により淘汰されていきますし、環境負荷に対する政府の規制や消費者の見る目も厳しくなっています。

そんな中で、**長期的に利益を上げ続けられる会社というのは、正しい方法で、適切な価格で、魅力的な商品、サービスを提供し続けている会社**です。

そして、消費者や社会の期待に応え続ける企業に投資するということは、日本を、世界を元気にするための貢献活動でもあるのです。この**「社会貢献をしているのだ」という視点**は、長期投資の軸をブラさないためにも重要だと考えています。

▶誰でもできる！　消費者目線が銘柄探しの原点

今、申し上げた通り、「長期的に利益を上げられる」会社とは「消費者の期待に応えられる」会社です。つまり**その会社が将来有望かどうかは、実は消費者がカギを握っている**のです。

特に、日本人は「世界一の消費者」といわれるほど、見極める目を持っています。食べ物を買うときも、服を買うときも、家電を買うときも、機能面、品質面、価格面など、非常によく吟味しているはずです。そして実際によい選択をしてきているでしょう。**この選択眼を株式投資の企業選びにも生かせばよい**のです。

スーパーの店頭でとても売れている商品があったとします。その商品の売り上げ情報が本社に報告されて、月次でまとめられ、商品の貢献度が投資家に決算として発表されるのは数カ月に一度の決算のタイミングです。**一番新鮮な情報に触れているのは、経理担当者でもなく、経営者でも投資家でもなく、消費者**だということです。

また「あの商品は壊れにくい」「サービスが心地よかった」など、数字にははっきりとは表れない消費者からの信頼を勝ち得ているかどうかも、長く利益を生み出せる商品、サービスの条件でしょう。

つまり、現場の「売れている」「信頼できる」といった消費者が持っている情報こそが、業績を動かす大きな要因になっているのです。

私たちは誰もが消費者です。毎日さまざまなものを消費しながら生活しているはずですが、日本の消費者は多くが投資家ではないため、新鮮な投資情報をみすみす見逃している状態なのです。実にもったいないなぁ、と思います。

私はこのことを**「青い鳥の論理」**と名づけています。大切なものは近くにある、**収益の機会は自分の足元に転がっていることが多い**、ということです。

消費者目線に「投資家」の視点を加えるだけで、有望銘柄が見えてきます。趣味、子どものおもちゃ、自分の好きな服、大好きなレストランなど、投資と一見関係ないと思われることにも、常に投資家としてアンテナを広げておくのです。古語に**「ゆかし」**という言葉があり、これは**知りたい、聞きたい、見たい、という好奇心**を表しています。投資家には「ゆかし」の精神が大切です。

プロは数値分析や報告に追われ、こうした消費の現場の情報を過小評価しがちです。**私自身はプロの業界にいますが、消費者としての感覚を忘れないように、いつも意識**しています。たとえば、病院の注射が驚くほど痛くなかったというときは、担当医に「痛くないんですね、どこの会社の針ですか？」と聞きますし、おいしいコンビニ弁当があれば、必ず裏をひっくり返して製造元をチェックします。タクシーの運転手さんとの雑談も情報の宝庫です。

私の会社のアナリストたちにも、この考え方を徹底させています。毎朝の運用会議では、会社訪問の報告だけでなく「昨晩会った学生時代の友人はこんなことをいっていた」「ここの店に行列ができていた」など、**身の回りレベルの情報も共有**するようにしています。ささいな情報から投資アイデアに結びつくことがしばしばあるのです。

ひふみ投信の現在（2017年9月末現在）の組入銘柄の上位の企業を事例として挙げました（ひふみ投信は、ひふみマザーファンド［親投資信託］を通じて実質的に株式へ投資しています）。これを見ていただくと、ここまで述べてきたような銘柄選びのエッセンスが反映されている、ということがおわかりになるのではないでしょうか（図4-5）。

6000社の企業訪問で発見。ダメな会社を見極める法則

常に現場の情報をリスペクトすること。これは私の経験に基づいた信念です。商品

図4-5 ひふみ投信が投資している主な銘柄

東京センチュリー	みずほFG、伊藤忠商事などを母体とする会社。競合他社の参入が難しいとされる航空機、環境エネルギー、不動産事業に積極的に取り組むことで、成長を目指す。
共立メンテナンス	学生寮とホテルの運営を行う。引き続き増加が見込まれる外国人観光客によりホテル「ドーミーイン」が好調。加えて、都内の学生の寮の利用率が上昇してきており、引き続き成長に期待。
あい ホールディングス	防犯カメラ、建築設計、銀行や病院のカード発券機まで事業領域は多岐にわたる。国内外の景気が変化する環境下でも、創業者の佐々木秀吉氏が主導するM&Aにより安定成長を継続している。
ルネサス エレクトロニクス	車載用マイコン世界首位級、パワー&アナログ半導体も強化。自動車の電装化に伴う半導体市場拡大に加え、競争力の高いマイコン（40nmMCU）のシェアの拡大も見込まれる。
ローム	半導体集積回路や抵抗器の製造を手がける日本が誇る京都のモノ作り企業。IoT化や自動車の電装化、省人化ニーズを背景とした産業機械への需要を追い風に成長を続ける。

※2017年9月末。個別銘柄を推奨するものではありません

やサービスの消費の現場もそうですが、ファンドマネジャーとしては、本社や工場など会社側の現場を訪ねることをとにかく重視しています。**現場に行くことで数字に表れないものが見つけられる**からです。

会社というのは生き物、人間の集合体です。経営者だけでなく、中間管理職、工場で働く人、それぞれの人間が付加価値を創造しています。企業の利益を生み出すのは、工場の機械ではなく、彼ら一人ひとり。**人間の集合体である会社に対して、機械の調査だけではどうしても不十分**でしょう。人間が人間を見て、肌で感じてこそ、その企業の価値を判断することができます。

私はこれまで6000社以上の企業を訪問してきました。これだけの企業訪問はなかなか個人投資家には難しく、やはりプロだからこそ可能なことでしょう。私がそこで発見した法則を、皆さんに紹介したいと思います（図4-6）。

ここに挙げた法則を見てもわかるように、**「ダメな会社」の法則は挙げられても、「いい会社」の条件というのはとても難しい**ものです。「この条件を満たしているから業績が伸びる」という単純な関係ではないからです。

いい会社というのは共通点がないもの。むしろ誰とも違うという部分を大切にして

図4-6 ダメな会社を見分ける法則

社長室の法則	社長室に1メートル以上の高さの観葉植物、ニスで塗られた切り株、はく製、それと見て作者のわかる絵画、高級酒、ゴルフクラブ、ゴルフコンペのトロフィー、著名人（有力取引先を除く）とのスナップ写真のうち2つ以上置いてある場合は投資をする前に十分な検討が必要。4つ以上で投資対象から外す。
自叙伝の法則	創業者の自伝を本人からプレゼントされたら、その会社に投資したら儲からない。
トイレの法則	トイレのきれいな会社に投資しても儲かるとは限らないが、トイレの汚い会社への投資は損をする。
受付嬢の法則	受付嬢の美醜は業績とまったく関係ないが、むしろ極端に美貌の受付嬢がいる場合に問題企業が存在することが多い。
おみやげの法則	自社製品以外のおみやげをくれる会社への投資は儲からない。
クラブの法則	女性のいる店で接待しようとした会社への投資は儲からない。
料亭の法則	料亭で接待しようとした会社への投資は儲からない。
スリッパの法則	スリッパに履き替える会社に投資すると不思議と儲からない（除く半導体、食品、医療などの研究所）。

いるところだと思います。逆にダメな会社のほうが共通している点があるのです。少なくともダメな会社の条件にいくつも当てはまっているものは投資対象から外す、という判断はできるでしょう。消極的かもしれませんが、ファンドマネジャーとしては重要な投資判断なのです。

また、企業訪問でもっとも重視しているのは、やはり社長とのミーティングです。特に私が多く手がけてきたような**中小型株の投資においては、社長の魅力や能力が投資の大きな部分を占めます。**社長は車においてはエンジンであり、パソコンにおけるCPU（中央演算処理装置）のようなもの。エンジンやCPUの性能を知らずに車やパソコンを買う人はいないでしょう。

社長についてはすべてを見ています。話の内容だけではなく、服装、髪型、歩き方、挨拶の仕方、名刺の渡し方、声の大きさ、声の温度、お供の人の数……。

成長企業の経営者の特徴は、次の3つです。

1つ目は、意思決定がシンプルであること。意思決定は真剣で、速やかに行われることが何より大切です。2つ目は、長期的な目線で考えること。任期が短いサラリーマン社長より、創業経営者やオーナー一族経営者が指揮を執っているほうが、必然的に目線が長期になります。3つ目が、徹底した顧客目線を持っていること。

そして、特に見極めたいのは「情熱」があるかどうかです。社長が経営理念やビジョンを話すときに目が輝いているかどうかを見ています。

私たちは社長面談の際に「情熱度」を定性的にスコア付けしているのですが、集計してみると**「社長に情熱がない企業は業績が悪くなっていく」**という法則があるのです。個人投資家の皆さんも、株主総会や決算説明会では、社長の情熱度に注目してみるといいと思います。

もちろん、社長に情熱があったとしても、それが夢物語で終わってしまうのは往々にしてあることです。ですから私は、**夢物語にきちんと道筋をつけて提示できているかどうか**をチェックするようにしています。

また、直接会うことはできなくとも、**ウェブサイトの情報も十分参考になります。**業績や資産状況などももちろん大切ですが、**その会社の理念、経営戦略、社長のメッセージなどを重点的にチェック**してみてください。そのうえで「すごい会社だし応援したい。好きだな」と思えるようであれば、投資先の候補になります。

なお、**社長の顔写真がどこにも掲載されていないような会社は要注意**です。さらに最近は、**役員陣の個別写真が掲載されているかどうかも**チェックしています。

いつ買うのか、いつ売るのかはシンプルに考える

次に、買い時、売り時についてです。米国にウォーレン・バフェットという偉大な長期投資家がいます。彼の言葉は大きなヒントとなるはずです。

「底値で買わなければならない、ということではありません。その企業が持っていると自分が考える価値より安いこと、そして正直で有能な人々によって経営されていることがポイントです。逆にいえば、株価がその企業の価値よりも安く、しっかりとした経営陣であると確信できるのであれば、そこで利益を生むことができるのです」

株価がその企業の価値よりも安いと思われ、かつ有能な経営者のいる企業に投資をすること。実にシンプルですね。

私自身は以下のような項目を**有望銘柄のチェックポイント**としています。この項目の観点から見て、「納得」したときが買い時だと考えています。

- **業種や財務内容に比べて株価が割安である**
- **今後の成長性が期待できる**
- **財務内容が良好である**
- **業種や会社のことがよく理解できる**
- **身近な会社である**
- **その銘柄の株主であることに誇りが持てる**

個人投資家からは、**「株を買った後の売り時がわかりません」**という相談が多いのですが、答えは単純で、**今も「買いたい」銘柄かどうかで決めればよい**のです。今挙げたような条件が満たされず、「納得できなくなった」ときが売り時だということです。

たとえば、会社がM&A（企業の合併・買収）を繰り返して「業務内容がよく理解できなくなった」、不祥事を起こして「株主として誇りが持てなくなった」という場合は、長期投資としてはふさわしくない、ということになります。株価の動向とは別の観点で「売り」を決断すべきなのです。

とはいえ、難しいのは全体の**景気サイクルの見極め**でしょう。

ひふみ投信の運用では**「ダイナミックに現金比率や組入銘柄を動かす」**という特徴も持っています。株式の上昇が予測される局面では株式の組入比率を高めます。また、大型株か中型株か、グロース（成長株）かバリュー（割安株）かというのも、全体の相場の流れに合わせて、柔軟に、時にダイナミックに入れ替えていきます。こうすることで、資産を**「守りながらふやす運用」**を行っているのです。

株式への投資や組入銘柄をここまでダイナミックに動かすのは日本の投資信託の中では大変珍しいスタイルです。「長期保有」を前提とした投資信託ですので、大きな状況の変化に柔軟に対応できなくてはいけません。

また、ひふみ投信は設定当初から、**日本株だけではなく債券や海外株を組み入れることも可能な仕組み**になっています。これまでは日本株のみで運用してきましたが、2017年から米国株も組み入れ始めました。**今後も最大で2割程度は海外株を組み**

入れる可能性があります。

ひふみ投信のお客さまは、我々の投資手法に共感される投資歴何十年というベテラン投資家の方もいれば、一切投資をやったことがないという未経験者の方までいらっしゃいます。

徹底した調査と、相場に合わせた柔軟な資金管理により、「いつどこに投資すればいいのかわからない」という初心者の方であっても安心して長期保有していただけるような方針で運用しているのです。

COLUMN

投信の本質は、人や社会とつながり、分かち合うことにあり！

（藤野英人）

投信を通じて社会に投資をするのは、実に壮大なドラマだと感じることがあります。

皆さんのお金は、皆さん自身のあらゆる経験が詰まったものです。仕事をしていれば、喜びや悲しみを感じたり、努力してみたりサボってみたり、時には無理がたたって身体を壊したり、周りと協力し合ったり、上司からパワハラを受けたり……と、皆さん一人ひとりがさまざまに頑張って働き、日々お金を稼いでいるはずです。

そうやって一人ひとりが稼いだお金が少しずつ「投資信託」という箱に集まると、そこから企業に投資されていきます。

会社というのは、その中で働く皆さんがさまざまな経験をしていることからもわかるように、時には汚い面も現れる世界です。

でも、きれいごとだけでは回らないけれど、汚いことばかりでもありません。少なくとも、「きれいごと」のほうが上回っていない会社は、いずれ潰れてしまうでしょう。

だから私は、企業というものは「いろいろあるけれど、総じてきれい」なものだと思っています。そして、相対的に頑張った人が多い会社、「きれいごと」がより多い会社が社会の中で勝ち上がっていくのです。

投資信託は、私たち運用者が皆さんからお金を「信じて託される」ものです。

そして私たち運用者は、お預かりしたお金を「きれいごと」がより多い会社に「信じて託す」のが仕事ともいえます。そうやって、皆さんとよりよい企業、よりよい社会とのつながりを作り出しながら、その利益を個人に還元していくのです。

私は、投信の魅力はこのような壮大なドラマ、社会と皆さんとのつながりにこそあるのだと思っています。

そして、そのようなつながりの結果として生じた投資の成果をシェアし、じっくり資産を増やすこともできるというのが投信のすばらしさです。

株式は英語では「ストック」のほかに「シェア」という呼び方があります。投資というのは本来、「シェアする（分かち合う）」ものであって、投資家になるということは「世の中とつながり、仲間とシェアする」ということにほかならないのだと私は考えています。

第5章

肉食な業界にいた私たちが「草食系投資」に導かれたワケ

- 草食系投資に興味を持ってくださっている皆さんは、私たちが「何を考え、どんな思いで何をやってきたのか」が気になるでしょう。大事なお金を長期にわたって託すとなれば、「どんな運用者なのか」が気になるのは当然ですし、運用者の考えに共感できることは長期投資を実践するうえで重要なポイントでもあります。
- そこで本章では、私たち3人が独立して投資信託を立ち上げた背景を1人ずつお伝えしたいと思います。

挫折を経てたどり着いた、個人のための長期投資の実現

――セゾン投信　中野晴啓

知識ゼロで飛び込んだ債券運用

私の社会人人生は、1987年当時、セゾングループに数社あったファイナンスカンパニーの1つに配属されたことからスタートしました。

1980年代後半の日本は、プラザ合意後の金融緩和政策によって、未曽有の金余り状態、つまり「バブル真っ盛り」の時期でした。外為自由化も手伝って安価での資金調達が簡単にできる時代でしたので、日本の名だたる大企業はこぞって「○○ファイナンス」「○○キャピタル」といった金融小会社を通じて財テクブームに乗っていました。

私が配属された子会社もその例に漏れず、大手都市銀行が株主かつメインバンクとなって、巨額の借入金で運用資産を回していました。

この頃の日本は、「ジャパン・アズ・ナンバーワン」といわれ、世界を席捲していたもっとも輝ける時代です。日本の大手銀行は軒並みトリプルAの最上格付けを持つという、**銀行が産業界でもっとも栄華を誇っていた時代**だったのです。

大企業がファイナンスカンパニーを作って財テクに走り、大銀行はそこに無尽蔵の貸し出しを行うことで、銀行間の規模拡大競争にしのぎを削る——そんな持ちつ持たれつの関係で、私のいた会社もかなり安い金利でいくらでも資金調達ができました。

私は財務部という名称の、実は資金運用が主業務である部署に配属されていました。算数が嫌いで、経済にも金融市場にもまったく関心がなかった自分が、たまたま運用の世界に入ってしまったのです。

しかも全部で十数人しか社員がいない組織です。まともな見習い研修期間もなく、OJT教育が運用の実地体験だったという、今思えば実に恐ろしい職務環境が、結果として私を運用の世界に導き、私の運用経験の土台を築いてくれたことになります。

最初は株式の発注や管理をやっていたのですが、そのうち債券の担当となり、算数が苦手とはいっていられなくなりました。債券といっても国債ではなく、ノンバンクは外国債券が運用の中心。手法は値動きを追って売買するトレーディング運用ではなく、ポートフォリオ（金融資産の配分）を組んでの分散投資でした。この時期に否応なく、運用に関する勉強をとことん積み上げていきました。

通常の社債はもちろんですが、当時米国で流行っていたのがＬＢＯ（レバレッジ・バイアウト）といわれるＭ＆Ａ（企業の合併・買収）のスキームから組成される「ジャンク債（格付けが低い債券）」の運用です。これらの案件がモルガン・スタンレーやソロモン・ブラザーズといった米国系投資銀行から次々と持ち込まれてきました。そこで私は高い利回りの裏側にあるリスクと複雑な仕組み、そして発行体企業の経営状況についての正確な把握を求められました。そうしていくうちに**財務分析やリスク分析・金融市場の習性といった運用に必要な知識が培われていった**のです。

債券のポートフォリオ運用の基本戦略は「バイ＆ホールド」、つまり有利な利回りを享受しながらも、市場経済の変化を予測し、売却のタイミングをじっくり探っていく考え方です。

特にジャンク債のような流動性の低い債券の場合、途中で取引をするのではなく、償還期限まで持ち切ることを前提にして投資シナリオを考えます。さまざまな分析もその期限に沿った10年、15年あるいはそれ以上という見地でのアプローチが必要であり、必然的に**企業や市場、それに経済を見る視点も「長期で」捉える感覚**が養われました。

さらに私にとって幸運な環境だったのは、1990年代半ばまでずっと日本の企業会計が取得原価主義会計で、取得原価をベースにして資産の帳簿価格を決定し、それに基づいて損益計算を行っていたことです。つまり、そのときの価格の上下にかかわらず、企業のバランスシート（貸借対照表）は投資実行時の値段をそのまま売却まで反映させられたのです。このため、**企業決算に影響されることなく運用を続け、常に「先を見て先手を打つ運用手法」で行動**することができました。

たとえば、来年から金利が下がりそうだなと予測したら金利が天井を打つ前からじわりじわりと仕込んでいける、これこそまさに長期投資の王道的行動規範です。私はさまざまな条件下においてとてもラッキーな形で、長期アプローチを自然と身につけることができたといえます。

バブル崩壊で長期投資は不可能な状態に

ところが、やがて日本経済のバブル崩壊が本格的に進行していきます。するとと、不良債権や含み損をバランスシートに内包できる原価主義会計への不信感が、金融市場で問題視され始めました。日本の銀行が危ない危ないといわれながら、自らは健全ですと言い続けて不良債権処理が遅れた要因も、確かにこの会計処理にありました。

日本企業の財務諸表は外国人投資家から信頼を失い、日本の銀行は海外の銀行よりも高い金利を払わないと市場で資金調達ができないという「ジャパンプレミアム」が定着してしまいました。そしてとうとう、日本の企業会計もグローバルスタンダードの洗礼を受けることとなり、**時価会計の導入**が始まったのです。

原価主義会計から、時価会計に変更したことで、日本企業の経営スタイルは抜本的に変わらざるを得なくなりました。企業は決算期ごとに保有資産をそのときの価格で評価替えしなければならなくなったのです。将来の開発投資に備えて含み益を内部留保することも、価値の下落した資産の含み損を先送りすることもできなくなりました。

もちろん運用資金にしても同様で、決算ごとに株式、債券を時価で洗い替えし、損益に反映させなければならなくなりました。

私の運用部隊はファイナンスカンパニーから投資顧問会社に分離され、投資顧問契約の形で運用を続けていましたが、企業はこぞって運用資産の圧縮に動きました。同時にこれまでの「10年かけてリターンを積み上げればいい」などという悠長な指示は消え失せ、**決算ごとに一定の利益計上を厳格に要求**されるようになりました。

つまり、機関投資家のお金では長期投資を行うことが不可能になったわけです。長期投資の運用アプローチがすっかり身についていた私にとって、決算期ごとに運用成果を要求される短期投資は自己否定に等しい運用でした。

機関投資家の資金では、もはや長期投資はできない。**ならば決算とは関係ない「個人のお金」を預かって運用すればいいのではないか。**

私の「投資信託」という仕組みへのフォーカスは、そうした思いから始まったのです。

長期型投資信託の失敗

投資信託の研究を進めていくうち、投資信託会社は免許制であり、事実上新規参入の門戸は閉じられていることがわかりました。当時私がいたのはセゾン系の投資顧問会社であり、証券、銀行、保険系列以外の資本には投信免許はいまだ認められていなかったのです。

そこで私は米国の投資銀行ベアー・スターンズと組んで、ルクセンブルク籍のファンドを組成することにしました。ベアー社と共同運用する外国投信を組成し、日本に持ち込んで公募登録して、証券会社で販売してもらうことにしたのです。商品設計はそれまで日本の個人投資家の運用コンセプトにない「長期投資ファンド」。資産配分なども個人の将来の資産形成を目的に設計しました。

しかし、そこに**販売会社という壁**が立ちはだかります。

ベアー社と一緒に販売会社を回り、苦労してようやく数社の証券会社と販売契約にこぎつけましたが、結局、販売手数料が3%で信託報酬も高い、ごく普通のいでたちの商品になってしまいました。その条件でなければ販売会社が受け入れてくれなかったからです。

私は不満だらけでしたが、とりあえず運用開始前の段階でも証券会社は数十億円をしっかりと販売してくれました。そして、長期投資を目指した運用が始まりました。1999年のことです。

ところが、**運用成績は上々だったのに、数カ月後から続々と解約**が止まらなくなりました。**別の新しいファンドに乗り換えられてしまった**のです。

その後、証券会社は何度かキャンペーンと銘打ってスポット的に販売してくれましたが、そのうちまったく売れなくなりました。解約は続き、まさにじり貧ファンドに成り果てました。

これは、私にとって大きなショックでした。**「販売会社ありき」の業界の習慣と常識を、このとき思い知らされた**のです。

販売会社は販売時の手数料が収入源。収益を上げるには、投信を長期で保有してもらうより、何度も乗り換えてもらわなくてはいけないのです。
たとえ個人の資金であっても、日本の投信業界に長期投資が存在しない理由を、私は身をもってはっきりと理解しました。**まさに、挫折でした。**

直販投信への挑戦が始まる

長期投資の実現も叶わず、ましてやビジネスとしても成立しない閉塞状況に苦悩していた頃、**「さわかみ投信」の澤上篤人社長（現会長）との出会い**がありました。2000年のことです。そこで知らされたのが1年前にスタートした直販投信「さわかみファンド」の存在でした。「さわかみファンド」は、それまでの日本には存在していなかった、本物の長期投資を志向するファンドでした。

澤上さんは私に、販売会社とは一切付き合わないで自ら販売するという直販モデルの本質をたたき込んでくださいました。これは目からウロコでした。

常識の範囲内だけで悩んで絶望して、業界のしきたりをただ恨んでいた自分が恥ずかしくなると同時に、新しい世界が目の前に開けてきました。澤上さんが「セゾンで直販投信会社を作ってみろ。本気で長期投資をやるなら何でも協力してやる」と思い切り背中を押してくれたのです。

このときから「セゾン投信」に向けた思いへの挑戦が始まりました。

しかし、セゾンという大企業の中で、この非常識極まりない直販モデルの長期投資ビジネスがそう易々と理解を得られるはずはありません。

とにかく苦労しました。親会社であるクレディセゾンの林野宏社長の理解を得て、当時自分がいた投資顧問会社を投資信託会社に衣替えする形で直販ファンドを立ち上げようと、事業計画を作り、金融庁への投信ライセンスの認可申請から始めました。

まだまだ金融機関資本以外での許認可が難しい時代でしたし、おまけに販売会社を使わない直販モデルを主張していたので、まだ成功事例も乏しいことから、申請には時間がかかりました。金融庁に何度も何度も足を運び、1年以上かかって**ようやく当局が申請書提出のOKを出してくれたのは、2002年のこと**でした。

外部からも思いを共有できるスタッフを集め、体制もほぼ整ったところで、その会社に新しい社長が就任することになりました。新たな投信ビジネスを推進するための責任者として米系大手銀行から当社に招かれた人物です。

ところがこの新社長、既存金融業界でずっと働いてきた人ですから、長期投資の意義も直販にこだわる思いもどうしても理解してくれませんでした。侃々諤々《かんかんがくがく》の議論を続けたあげく、「自分は君たちの夢に付き合う気はない。今すぐに利益が出るビジネスしかやらない」と結論を出し、金融庁への認可申請を取り下げてしまったのです。そして「今、世の中で売れている既存のファンドを取り扱う証券会社に変更するから全員従うように」と、**まったく違う方向に舵を切りました。**

その経営判断に従えなかった私は、追い出される形でクレディセゾン本社に異動させられてしまいました。**完膚なきまでの敗北**でした。

配属されたのは本社の事業開発部という新規事業の立ち上げ部署でした。それからしばらく、見よう見まねでクレディセゾンの本業であるカードビジネスの仕事をしていましたが、**長期投資への思いはどうしても捨てられず、ずっと直販投信会社プランはブラッシュアップして温めていました。**当時の上司と林野社長には、事あるごとにこの話をし続けていました。

▶バンガード社との提携、そしてセゾン投信の実現

そして、ようやくチャンスが巡ってきました。2005年、セゾンの金融サービスの企画部門としてインベストメント事業部が新設され、私はその部長に抜擢されたのです。スタッフもしっかりと与えてもらい、**「セゾン投信」設立に向けて再度挑戦**が始まりました。

ブラッシュアップして温めていたプランは、**米国最大の運用会社であるバンガード社との提携**でした。同社の発展の歴史は「セゾン投信」の成長を思い描くうえでの範でもありました。バンガード社の提供するインデックスファンドを活用した長期投資の実現——これが、私がくすぶっていた期間に構築した、長期での資産形成のソリューションだったのです。

バンガード社は、世界最大級の運用会社でありながら、日本でのビジネスはきわめて小さな規模でしかありませんでした。その理由は明白で、バンガード社は本国で直販モデルを貫いており、販売会社の手数料徴収を認めていなかったのです。そのため、

日本の投信業界の商習慣と相容れず、同社のファンドを扱う販売会社がほとんど現れなかったのでした。

私はバンガード社ならば必ず「セゾン投信」の理念と哲学を理解してくれると信じ、バンガードの日本法人の加藤隆社長を訪ね、バンガード社の持つ優れたインデックスファンドを活用したファンド・オブ・ファンズ（投資信託に投資する投資信託）による長期投資ファンドの実現を訴えました。案の定、加藤さんはすぐに共感してくださいました。そして米国本社を懸命に説得され、セゾン投信をバンガード社の対日ビジネスにおけるパートナーと認めてくださったのです。**バンガード社と共に、日本の生活者に長期投資を提供するプランが整いました。**

それでもクレディセゾンの取締役会は、簡単に首を縦には振ってくれませんでした。もちろん一部上場の大企業ですから、林野社長の理解があったとしても、新会社設立には取締役会決議が必要だったのです。

大手の金融機関が決してやらない直販モデル。高い手数料を投資家から徴収し、売れ筋ファンドを次から次へと並べていく既存ビジネスモデルとはまったく違う方向性です。多くの取締役が合理性を見出せないのも、仕方がないことでした。

最後は、澤上さんが我が事のように必死で重役たちを説得してくださいました。「セゾン投信」の世の中への存在意義と、正しいがゆえの将来性を、「さわかみファンド」の実績をもって示してくださったのです。

こうして、澤上さんからインスパイアされてから実に7年の時間をかけ、「セゾン投信」は誕生しました。**2007年3月、ようやく本物の長期投資ファンドを目指してスタートを切ることができた**のです。

セゾン投信はスタート当初から2本のファンドを揃えました。

1つは、バンガード社とのコラボレーションにより、同社が誇るインデックスファンドを複数組み合わせた「セゾン・バンガード・グローバルバランスファンド」です。

そしてもう1つ、運用会社としてのセゾン投信の運用哲学を表現するアクティブ運用型の商品「セゾン資産形成の達人ファンド」を作りました。これはセゾン投信の運用ポリシーである国際分散投資でより高いリターンを目指していくもので、運用の資産配分はセゾン投信が機動的にコントロールする、つまり運用者としての方向性を常に積極的に表現していくファンド・オブ・ファンズです。

これら2本は、いずれも本格的な長期投資ファンドです。**私が長期投資に目覚めてから10年来の夢が、理想の形で実現した**と思っています。

フィデューシャリー宣言への思い

セゾン投信は、運用開始時にお客さま1956名、運用資産総額約9億円でスタートしました。

その後、**2017年3月にお客さまの口座開設件数が12万件を超え、同年10月には運用資産総額が2000億円を突破**するなど、全国の草食投資家の皆さんと一緒に長期投資ファンドを大切に育てています。

10周年を迎えてこれまでの歩みを振り返ったとき、特に強く印象に残っている出来事が3つあります。

1つは、2008年1月に**「日経優秀製品・サービス賞2007最優秀賞」**を受賞したことです。事業がスタートしたばかりでセゾングループ内での評価も低かった当時、表彰式ではトヨタのハイブリッド車レクサスやJR東海のN700系などと並び、セゾン投信が表彰台に立ったのです。

受賞後は「日経で見た」といってお客さまが口座を開いてくださるケースもあり、この受賞を1つのきっかけとしてセゾン投信は少しずつその名前を知られるようになっていったと感じています。

「これまでやってきたことが、もしかすると報われるのかもしれない」

初めてそう思えた出来事でした。

2つ目は、2014年10月の**日本郵便の資本参加**です。

それまで、セゾン投信はクレディセゾンの100%子会社でした。世の中のセゾン投信への評価は、地道に長期積み立て投資の重要性を訴え続け、お客さまの数も運用資産額も着実に増やしてきたことで少しずつ高まっていると感じていましたが、一方で「グループ内の存在感はまだ薄い」とも感じていました。セゾン投信のビジネスモデルはすぐに大きく儲かるようなものではありませんから、株主としては物足りなかったのでしょう。私はいつ首を切られてもおかしくない立場でしたし、経営者としては常に株主リスクを意識せざるを得ませんでした。

そのような状況で突然、日本郵便が現れたのです。青天の霹靂でした。

先方から声をかけていただき、日本郵便の髙橋亨社長（現会長）とお目にかかったときのことは今でもよく覚えています。事前にセゾン投信のことをよく調べていらっしゃり、私たちの理念やビジネスモデルを完璧に理解してくださっていました。

「セゾン投信はすばらしいことをやっている。**このアプローチこそ、本来の投信ビジネスのあるべき姿だ**」

グループ内でもなかなか理解を得られず悔しい思いをしていた私にとって、髙橋社長の言葉は非常にうれしいものでした。それまでセゾン投信とはまったくかかわりのなかった企業のトップから、正当にセゾン投信の価値を評価していただいたのです。

セゾン投信は、日本郵便から資本出資を受けることになりました。髙橋社長には、「長期的な目線でセゾン投信の企業価値を大きくしていってほしい」「セゾン投信の価値を守るために、セゾン投信の商品は郵便局では扱わない。安心して世の中のためになる仕事をしてほしい」といっていただきました。経営者として、これ以上に心強い言葉はありませんでした。

私は髙橋社長の気持ちに報いたいと思い、セゾン投信に何を期待しているのかをお聞きしました。

「今の郵便局の文化を変えてほしい」「かつて郵便貯金を集めたときのような積み立ての文化を、投信販売でも取り戻したい」。それが、郵便局への熱い思いを持つ髙橋社長の願いでした。

私は、その気持ちに少しでも応えられればと考え、郵便局の現場に何度も足を運ぶようになりました。

職員の方々に向けてお話ししているのは、投資の本質や投信の社会的意義、金融に携わる人としての矜持などの「原理原則」です。出資していただいてから2年間で、おそらく100回以上はこうした機会をいただいたのではないかと思います。

当時、ゆうちょ銀行ではセゾン投信の商品は取り扱っていませんでした。私の話を聞いて「セゾン投信のファンになった」といってくださる職員の方たちもたくさんいましたが、当初は「セゾン投信は直販なので、皆さんには扱ってもらえないんです」

とお伝えしていました。

しかしそのような中、徐々に「セゾン投信が好きなので取り扱いたい」「お客さまに勧めたい」という現場の声は増えていきました。私も「職員の皆さんに気持ちよく仕事をしていただきたい」という思いが強くなり、販売手数料無料のネット販売に限定したゆうちょ銀行への商品提供を決意。このような経緯で、2017年1月、**ゆうちょダイレクトへの商品提供がスタート**しました。

セゾン投信のファンになってくださった職員の方たちは、販売手数料が得られず自分の業績評価につながらなくても、お客さまにゆうちょダイレクトでのセゾン投信の購入を提案してくれます。このように、セゾン投信の理念に共感し、「お客さまのために」と考えて仕事をする方々に手がけていただけるようになったことをうれしく思っています。

3つ目は、2015年8月26日、**業界にさきがけてフィデューシャリー宣言を行ったこと**です。

金融業界で「フィデューシャリー・デューティー（FD）」という概念が注目を集めるようになったのは、2014年9月、金融庁が公表した「金融モニタリング基本方針」の中にその言葉が登場したことがきっかけでした。FDとは、フィデューシャリー（受託者、他者の信頼を得て行動する者）が負うデューティー（義務）のことで、金融庁は「商品開発、販売、運用、資産管理それぞれに携わる金融機関がその役割・責任（フィデューシャリー・デューティー）を実際に果たすことが求められる」と指摘したのです。さらに2015年には、「金融行政方針」の中で「投資信託・貯蓄性保険商品等の商品開発、販売、運用、資産管理それぞれに携わる金融機関等が、真に顧客のために行動しているかを検証するとともに、この分野における民間の自主的な取組みを支援することで、フィデューシャリー・デューティーの徹底を図る」と表明しています。

金融庁は、規制やルールによって金融業界を縛るのではなく、各社の倫理と矜持に訴えて資産運用業界が自己コントロールしていくよう促そうとしているのです。

私は「フィデューシャリー・デューティー」という言葉はセゾン投信のためにある

と感じ、フィデューシャリー宣言をすることは社会とお客さまに対するコミットメントだと考えました。

そこで、セゾン投信の幹部全員でフィデューシャリー宣言をまとめ上げ、「お客さまのため」にのみ資産運用業務に従事し専ら長期投資に努めることを公約したのです。そこには10年かけて積み上げてきたセゾン投信という会社の価値が現れており、1つの集大成になったと思っています。

2017年には、金融庁から**「顧客本位の業務運営に関する原則」**が公表されたことに伴い、そこで示された7つの原則をすべて採択して同年4月に宣言の改定を行い、それらを実践するためのKPIもいち早く公表しました。

私はこの宣言こそ、セゾン投信の価値と理念、そしてビジネスモデルの表現としてもっとも重要なものであると考えています。

つみたてNISAで、初めて地銀に販路を拡大

セゾン投信は、フィデューシャリー宣言で「当社ファンドの募集・販売は直接販売

を旨といたしますが、他社に委託する場合には、当社ファンドの販売に関して、この宣言に同意することを条件といたします」と明記しています。**最重要視しているのは直販**ですし、販売会社で取り扱ってもらうなら**セゾン投信の理念を共有してもらうこ**とは絶対に譲れない一線です。

このような考えから、これまではゆうちょダイレクトや楽天証券へのiDeCo（個人型確定拠出年金）への商品提供を除き、地銀などの販売会社への商品提供はしていませんでした。

しかし2018年スタートのつみたてNISAでは、**「つみたてNISA専用商品」**として、**地銀では初めて足利銀行、ふくおかフィナンシャルグループ（福岡銀行、熊本銀行、親和銀行）、横浜銀行**で「セゾン・バンガード・グローバルバランスファンド」「セゾン資産形成の達人ファンド」を販売することになりました。

今回の決定にあたり、セゾン投信の商品を販売する銀行には、私たちの「個人の資産形成を支援する」という理念を理解してもらい、一緒に長期投資の啓発に取り組んでいくことを確認しました。販売委託するといっても、私は直販の延長線上にあると考えていますから、**私たち自身が地銀の販売現場にコミットできなければ意味がない**と思っています。

実際のところ、セゾン投信の商品がアクティブファンドとしては数少ないつみたてNISA対象商品となったことから、10行を超える地銀から「セゾン投信の商品をつみたてNISAで取り扱いたい」というご相談を受けていました。ですが、**「セゾン投信の価値観を現場からトップまで共有していただけた銀行に、商品を提供する」**という一線を守った結果、今回の決定となりました。

今後、中長期的にはセゾン投信の商品を地銀で販売してもらうというケースは少しずつ増えていく可能性があります。それでも、「セゾン投信の理念を現場からトップまで共有できる」という条件を変えることはありませんし、やみくもに増やしていくようなことはありません。

もちろん、地銀で当社の商品を取り扱ってもらうことには、セゾン投信にとっても意義のあることです。各銀行のマーケットには、当社だけではアプローチできないのも事実であり、地域社会に根ざしたサービスを提供する地銀とつみたてNISAで組むことで、長期資産形成の輪をより大きく広げていけるのではないかと期待しています。

肉食のヘッジファンドからの転身。対話を大切にする草食系投資

――コモンズ投信　渋澤健

長期投資に出合うまでの道のり

1980年頃、私は米国の大学の1年生でした。父の仕事の関係で、小学校2年から米国に暮らしていたので英語には問題ありませんでしたが、親元から離れての一人暮らし。新しい生活のペースをつかもうとしていました。そのときは、自分の足元しか見えておらず、**自分の30年後の生活など想像もつきませんでした。**

大学を卒業してから日本に帰国。「ジャパン・アズ・ナンバーワン」の1983年の暮れでした。当時、ソニーの盛田昭夫さんなど日本の大企業の経営者は、私がアテンドしていた米国からの視察団に「アナタたちは四半期の成果など短期的な視点しか

持っていない。私たち日本人は長期的な視野を持っているから成功を成し遂げたのだ」と、胸を張っていました。

1990年頃、私は米銀のトレーダーでした。オフィスの2階のディーリングルームの窓から見える丸の内仲通りには地方銀行の支店などが並んでいる時代で、「外資系」は変わった日本人たちが行くところでした。私はそのような環境で日本の国債や金融先物など金利市場の経験を経て、為替オプションのディーリングに携わっていました。

バブルという時代が終わっていました。しかし、それに気づいた人たちはまだ少数派でした。**一番簡単な答えを求めるのが人間の本能であり、その答えとは、現状の延長だからです。**この頃、私自身は株とは縁がなく、それまでの常識が覆されて荒れ狂っている株式市場の動向は、他人事にしか見えませんでした。

2000年頃の私は米大手ヘッジファンドの東京駐在員事務所の代表でした。ヘッジファンドとは、私募によって富裕層や機関投資家など大口投資家から資金を集め、リスクの「ヘッジ」で相場のいかなる環境下でもプラスの運用実績（絶対的収益）を目指すファンドのことです。ヘッジファンドに勤めている日本人は数えるほどしかいない時代で、ベールに隠れている謎の存在というのが一般認識だったと思います。

私が勤めていたヘッジファンドは経済、政策、社会動向によって大資本の潮流の変化を予測して投資をする「グローバル・マクロ」戦略をとっていました。大局から投資収益チャンスを捉えるこの仕事は大変刺激的で、かつ勉強になるので大好きでした。金融危機によって、やっと元には戻れないと日本が社会変革に目覚めて、「失われた10年」が、新しい世紀のために「必要な10年」になる兆しもありました。

当時と比べて、私はやや楽観的であったかもしれません。しかし、その楽観的な思いには理由がありました。**初めて、子どもが生まれた**のです。

人として独立した存在である我が子を初めて抱き上げたときに、明るい将来を描きたいと思うのは当然で、誰もが共感する思いです。

それまで、大学、米銀、ヘッジファンドを通じて、自分自身を高めることを主軸にしてきましたが、新たな軸の存在に気づかされたのです。**自分だけではなく、子どもという他の人も高めなければならないという責任**です。

これが、私が長期投資に触れるきっかけになりました。

我が子の誕生で芽生えた長期投資への期待

子どものために長期投資の口座を開設したのは、特に美田を残すことが念頭にあったわけではありません。しかし、小さな我が子の成長を想像してみたら、「大学や大学院の費用のために蓄えることは必要かもしれない」「人生での新しいチャレンジの支援に備えることもよいかもしれない」など、**今まで考えたことのない課題が次々と浮かび上がってきた**のです。

また、長期投資に惹かれたのは、「ブツ」の蓄財だけではなく、「ストーリー」を作れる可能性を感じたことでした。

毎月定額を積み立てる投資に、別にストーリー性など感じないと思うかもしれません。しかし、私には積み立て投資を介して、将来の子どもに「メッセージ」を伝えられる、タイムカプセルとしての可能性が感じられたのです。

「えっ？　自分が生まれたときから、毎月、積み立ててくれたんだ」

そのとき、子どもがどのような気持ちを抱くのかは、わかりません。しかし、子どものために実施した長期投資が、親から子への気持ちを長い時間をかけて具現化させることによって、子どもの心に何かが宿るかもしれない。また、その気持ちが、さらに次の世代へと引き継がれるかもしれない。

このような長編ストーリーへの期待感でワクワクし始めたのです。**長期投資にはマネーメイクだけではなく、ストーリーメイクの可能性もある**のです。

実際に積み立て投資を始めてみると、今まで自分が実施していた短期的な軸の投資より気楽であるということに気がつきました。自分の口座と別に子どものための積立口座を開設するには、ちょっと手間がかかることは確かです。しかし、いったん口座を開設してしまえば、毎月、あらかじめ定めた金額で銀行口座から自動的に投信を買い付けられるのです。

それまでの私は、常に買いや売りのタイミングを計っていましたので、マーケットの動向がいつも気になりました。マーケットに張り付いているのは別に嫌いではありませんでした。むしろ好きだったので、他のことに手をつけられなくなるのです。トレーディングが本業であれば問題になりませんが、新しい会社を立ち上げた自分にとっては、仕事に集中できず、進展を妨げてしまっていました。

一方、積み立て投資の場合は、日常は本業の仕事に携わりながらも、生命保険料が自動的に銀行口座から引き落とされているのと同じ感覚で実施できます。市場価格が「どこまで」いったら売るのではなく、子どもが成長して「いつになったら」売るという目的で実施していたので、価格の上下はほとんど気になりませんでした。

価格が上がればうれしいですが、逆に下がっていても、子どもが成人になるまでの長期投資と思っていたので、**平均取得コストを下げてじっくりとより多くの口数を仕込めるという心の余裕**を感じました。市場で高いところで買ったり、低いところで売ったりしてしまうのは、まさに、この余裕がなくなり、パニックに陥っているときであることはこれまでの体験から痛いほどわかっていました。

長期投資のメリットについて気づいたのはよいのですが、一方、その長期投資の対象については、当初、あまり深く考えていませんでした。偉い先生方が多くの論文を出していました。

「長期投資に大事なのは銘柄選別よりも資産配分。運用コストが安いインデックスファンド投資が有利」

この定説を特に疑わず、銀行の窓販で日経225のインデックスファンドの積み立てを始めたのが私の長期投資の入り口でした。

小口の個人投資家は「カモ」扱い?

積み立て投資を始めてからのもう1つの気づきは、**運用のコスト**についてでした。インデックスファンドの「パッシブ運用」は株式市場全体を反映するだけなので、定められた銘柄を機械的に組み込むだけです。銘柄の入れ替えによる取引コストはかからず、運用者のスキルも要求されないので、運用コストが低いということは当たり前です。

一方、業績が好転する銘柄を組み入れて、悪化する銘柄を外す「アクティブ運用」の場合、ファンドマネジャーはアナリストと共に事業環境や企業業績の分析に取り組み、企業訪問を繰り返しますので、人件費などコストがかかります。しかし、「アクティブ」に運用することによって、「パッシブ」と比べてリターンを高めれば、余分の運用コストも説明できるはずです。

当時の私は、市場の方向性にかかわらず絶対的な高リターンを求めるヘッジファンドの世界から投信を眺めていました。株式市場全体（パッシブ運用）と比べて相対的リターンを図るアクティブ運用の差は、それほどないと思っていました。

また、学者さんたちが過去のデータを検証した結果、アクティブ運用の成績は、運用コストを差し引いた後、パッシブ運用を上回ることはないとバッサリ切り捨てたのです（現在、この考え方には、「異議あり！」と声をあげています）。

しかし、インデックスファンドの積み立て投資を始めてからしばらくして、ふと気づきました。定額を自動的に買い付けているので、特に店頭での説明など販売サービスを受けているわけではありません。では、**なぜ、買い付けの際に毎回、販売手数料を銀行に払わなければならないのか**、と。

それほどの金額を毎月買い付けているわけではないので、**2％の販売手数料**が加算されても、そのときはそれほどの負担を感じませんでした。しかし、**20年、30年も毎月払い続けるということを考えれば、かなりの金額**になります。

また、自分が投資しているのは日経225のインデックスファンド。機械的なパッシブ運用であり、投資の目利きなどはまったく必要ないので、高い信託報酬を払わなければならない理由もないはずです。

今回の執筆にあたって、うろ覚えではなく、正確な数字を確認しようと、手元に保存してあった「証券投資信託取引規定集」を調べてみたら、信託報酬が掲載されていませんでした。現在の類似のファンドを調べてみたら、消費税込みで0.84%だったので、おそらく当時ではそれ以上のものが徴収されていたと推測できます。

ヘッジファンド業界に身を置いていた私は、機関投資家など大口投資家との取引が日常でした。だから気づかなかったのです。高い販売運用費を請求して小口の個人投資家を「カモ」にするような**販売会社の姿勢に、驚きと同時に怒りを感じた**のです。

ちょうどその頃知り合ったのが、さわかみ投信の澤上篤人さんでした。そういえば、彼のファンドは販売手数料を請求しない「ノーロード」で、低い運用コスト運営に徹底していると話していたのです。そこで私は、**銀行の投信口座を解約して、さわかみファンドへ口座を移設**しました。

2人の「カミ」との出会い

そういう意味で、澤上さんとの出会いがなければ、長期投資の投信会社を立ち上げ

ませんでした。ヘッジファンドに集まってくる人たちの目が輝いているのに比べ、自分の業界にい

た今の自分はいません。

澤上さんと最初にお目にかかったのは、2003年に金融情報メディア会社が主催するセミナーでパネリストとして一緒に登壇したときでした。友人のX氏から澤上さんのことは聞いていましたが、自分はヘッジファンドで、澤上さんは投資信託。ましてや、「ヘッジなんて、もったいない」といっているようで、話がかみ合うわけないだろうなぁと、やや重い気持ちで会場に向かいました。

控え室に入った瞬間に、自分の不安は消え失せました。「やぁ、はじめまして!」と澤上さんから声をかけてくださったのです。本番では、意気投合し、パネルディスカッションとはこれほど楽しいものなのかと思うほどでした。

ヘッジファンドは、少人数少資本で立ち上げられる運用業界のベンチャービジネスと自負していました。一方、投資信託とは、販売会社のために金融商品を供給する巨大な「工場」のようなもの。まったく投信業界への魅力を感じておらず、あまり元気を感じるような仕事にはなり得ないという先入観がありました。

ところが、目の前にいるオジさんは生き生きとしています。

「自分が『この指とまれ!』というと、人が集まってくる。こんな楽しいことはない

よ。**集まってこない人とは、縁がないと思えばいい。また、あちらから来たいと思っても、自分がやりたいことを本当にわかっていないのであれば、こちらからお断り」**

自分の投資方針を理解していない投資家をお断りすることはヘッジファンドでは日常でした。ですから澤上さんと同じ考えだったのです。投資信託でファンドマネジャーが顧客を断りなどしたら、とんでもない事態を招くと思っていた自分のイメージが一変しました。澤上さんは、販売会社に頼ることなく、「直販」で全国の個人にご自身の長期投資の思いを訴えているからこそ、自らの「がんこ」を通すことができる、という姿も浮かび上がってきました。

もしかしたら、投資信託でもこうした直販というモデルであれば「とんがった」投資を実施できる、**運用業界のベンチャービジネス**になり得るのかもしれない、という種が私の中に埋められた瞬間でした。

自分の子どものために実施した長期投資。澤上さんとの出会い。現在のコモンズ投信の構想に至るには、**もう1つの刺激**がありました。「モノ申す」アクティビスト・ファンドで名を上げた村上世彰さんです。

2000年頃、私が勤めていたヘッジファンドの社長から「日本で面白いファンドマネジャーがファンドを立ち上げたようなので会ってきてくれ」という指示がありました。訪問先は事務所代わりというマンションの一室。部屋の主は「今まで役人の立場でいろいろといってきたが、企業がちっとも変わってくれない。これから民間人として、株主としてやります」とおっしゃる。この小さな部屋からずいぶん大きなことをおっしゃるなと印象に残りました。

村上さんの運用手法は「シェアホルダー・アクティビズム」。インデックスファンドのように「平均的バラマキ」投資ではなく、本源的価値と比べて割安な株価に放置されて収益機会が高いと判断する企業へ集中投資し、経営者へのガバナンス（企業統治）を通じて、企業価値と価格の是正を促すことが原型です。

この価値と価格の是正だけではなく、企業価値そのものを高めることも村上さんは目指していたようですが、「モノ申す」株主を象徴する存在になり、企業運営の方向性などについて経営者との対立が紙面を飾るようになりました。

日本の企業の価値創造を促すという村上さんの大義には、私を含め、賛同する向きは少なくなかったと思います。しかし、手法については、いろいろと問題点が指摘されました。**一方的に「モノ申す」より、なるべく同じ立場から「対話」したほうが長期的な企業価値創造の効果があるのではないか**と、私は感じるようになりました。

ただ、アクティブ運用でも、アクティビストでも、ファンドでも、「出口」という投資の利食いを意識します。一方、企業は持続性を求める「ゴーイング・コンサーン」。特に日本の経営者はこの気持ちが強いので、ファンドは煙たい存在になり、「同じ立場での対話」が難しい実状がありました。

そこで、ふと思ったのが澤上さんをフォローしている投資家でした。長期投資に賛同する個人は単年度という短期的思考に縛られる必要がありません。長期的な姿勢を持つ良質な個人投資家が企業の長期的価値創造に参加することを賛同してくれれば、**これまで存在しなかった形のファンドを作ることができる**と考えたのです。

インデックスファンドのように平均的な投資ではなく、アクティビスト・ファンドのように厳選投資をする。ただ、一方的に「モノ申す」のではなく、「対話」を通じ、長期的な企業価値の創造に貢献するファンドの「設計図」が、頭の中で構築されつつありました。

「すべて、起こることには理由がある」

決定的な瞬間は、2005年の12月。場所は、東京の本郷通りの蕎麦屋でした。そのときに考えていた別のプロジェクトについて、長年の友人のX氏に相談したかったのです。

「それは、面白い話だね」と感性が豊かで有能な実力者であるX氏から、いろいろと意見をもらいました。

「でね、僕も相談したいことがある。独立しようかと考えているんだ」

この一言で、自分が考えていた別プロジェクトは即、棚に上げてしまいました。

「じゃあ、一緒にやろうよ」と即断しました。このファンドマネジャーが独立するのであれば、一緒に動くと以前から決めていたからです。

2人とも澤上さんに親しくしてもらい、「オマエたちもやれ」と奨励されていたので、「澤上スタイル」のクローンではなく、何か新しい視点が必要であると考えました。そこに長期投資をさらに具体化した「30年投資」、そして、何百社にも投資している平均的なポートフォリオではなく、**ピリッとした「30銘柄」に厳選投資する構想**が浮かび上がってきたのです。

ただ、2人だけでは思いのまま突っ走りそうなので、地に足を着けて物事を冷静に判断できる仲間が入ったほうが賢明です。また当時、私が2001年に設立した、ヘッジファンドなどオルタナティブ投資（株式や債券といった伝統的な資産に代わる投資）のアドバイザリー会社の事業が継続していたこともあり、信頼を置ける人にこれから立ち上げる投信会社の実務の運営をお願いしたかったのです。

「伊井さんにお願いしよう」

2000年にX氏と私が他の仲間たちと共に立ち上げた金融マーケット専門家向けの交流サイトで、いつも参加してくれたtetsuro（こと伊井哲朗）さんです。当時、米系証券会社にいた伊井さんも金融サービスという課題について業界の現状に満足しておらず、証券会社の経営を引き受けることによって新たな展開を模索している最中でした。

「同じ山を違う道で登っているだけ。だったら、一緒に登ってみよう」という私たちの誘いに応じてくれて、仲間が3人に増えました。

また、投資にはアナリストの視点も重要なので、コンサルティング会社のバリュークリエイトの佐藤明さんにも相談しました。大手証券会社の元トップ証券アナリストの佐藤さんとの出会いのきっかけは、２００１年に初めて出版した書籍に掲載したメールアドレスに連絡してくれたことでした。ユニークな視点が豊かな佐藤さんは、「30年企業レポートを書きたかったのです。でも、誰が読んでくれるのかなぁと悩んでいたところでした」とすぐに、30年投資の新しい投信会社の立ち上げプロジェクトに賛同してくれました。

２００６年の１年間、毎週水曜日のお昼時間を利用して、４人でいろいろと議論を繰り返しました。２００７年の年明けには金融当局と接触し、さて、**これから本格的に申請手続きの準備に入ろうとする春に大衝撃**が走りました。

「ゴメン、独立できない」

Ｘ氏が事情により、現職から離れることを断念したのです。ファンドマネジャーを失っては、ファンドは立ち上がりません。いろいろと選択肢を検討しましたが、途方に暮れ、また数カ月。ある日、佐藤さんから「吉野さんに相談してみようか」という提案もありました。長期投資で有名な米大手運用会社に20年以上勤め、ファンドマネジャー歴が40年を超す大ベテランの吉野永之助さんです。佐藤さんがアナリストとして、もっとも尊敬していた運用会社のファンドマネジャーです。その吉野さんが、非常勤として継続していた会社との関係がそろそろ終了するという情報を佐藤さんが聞きつけたのでした。

大変優秀なマネジャーに間違いないでしょうが、大ベテランであるので、スタイルも確立されています。私たちが考える「30年投資」という濃いスタイルに合うかという懸念を抱えながら、吉野さんと面会しました。

30分ぐらい私たちの熱い思いをぶつけたところ、**「それ、面白いね。手伝ってみようか」**。

吉野さんの、この一言がなければ、今はありません。会社を一緒に立ち上げようと思った同志を失った後に、吉野さんのようなすばらしい「お宝」と出会うことができるとは。

「すべて、起こることには理由がある」

まるで、天からこのようなメッセージを受けたように感じました。

「長年、自分と家族の生活を養ってくれたヘッジファンドのビジネスに頼るのではなく、きっぱりと断ち切って、30年投資の新しいビジネスを築くことに専念せよ」

そういうことなのかもしれないと。

2007年の11月6日に、大きなビジョンを共有する仲間たちとコモンズ準備会社を、私の既存の会社の社内ベンチャーとして設立しました。そして、2008年のリーマン・ショックの最中に投信会社としての登録が完了し、30年投資の旗を振りながら、2009年の1月19日に念願の「コモンズ30ファンド」が誕生したのです。

▶子ども名義で口座を作れる「こどもトラスト」

コモンズ投信では年齢層などを意識したマーケティング戦略を立てることなく、「長期的な資産作り」に関心を持つ未来志向の方々に幅広くメッセージを発信してきました。その結果、将来のための積み立てをする**30~40代のお客さまが約45%**と、現役層の方に多く利用いただいているのが特徴です。

もう1つ、コモンズ投信の大きな特徴は、**0~19歳の口座が約17%**あることです。

つまり、**コモンズ投信のお客さまの6人に1人は未成年**なのです。おそらくこの割合は業界内でもトップクラスではないかと思います。

未成年者のお客さまが多い背景には、2010年に子どもの将来のための資産を育むプログラムとしてスタートした未成年口座サービス「こどもトラスト」があります。これは、子ども名義で口座を開設して手続きや取引は親権者が行うというもので、将来必要な教育資金を計画的に準備するだけでなく、子ども自身が小さい頃から自分の資産を意識し、経済や金融の知識を身につけることも目指しています。

「こどもトラスト」のモデルとなっているのは、当時イギリスにあった「チャイルド・トラスト・ファンド」という制度です。これは、イギリスで生まれたすべての子どもが自分名義の口座を開設でき、一定額までは運用益や祖父母から贈与された資金などへの課税が免除されるという**「次世代のための優遇制度」**でした。国民に証券口座を持つことを促すという意味でも画期的なプログラムだったと思います。

そもそも、私が長期投資を始めたきっかけは自分に子どもが生まれたことでしたから、チャイルド・トラスト・ファンドのような制度には大いに共感しました。そこで「まずは民間でできることからスタートしよう」と考えて作ったのが「こどもトラスト」だったわけです。このサービスでは、子ども名義の口座が作れるだけでなく、親子でお金や社会について学べる「こどもトラストセミナー」も数多く開催し好評を頂いています。

一方で、私は「日本にもチャイルド・トラスト・ファンドのような制度が必要だ」とも考えていました。そこで民間の有識者会議を開いて次世代のための優遇税制について議論を重ね、２０１２年には内閣府に提言書を提出したりもしました。当時の民主党政権の国家戦略室から「政府としてぜひ進めたい」という話があったのですが、政権交代によりこの件は頓挫してしまいました。

このような経緯もあり、２０１６年に子どものための長期的な資産形成を後押しする「ジュニアＮＩＳＡ（未成年者少額投資非課税制度）」がスタートしたとき、「制度の趣旨はすばらしいのに、仕組みが複雑でわかりにくいものになってしまったな」と残念に思いました。

この点、２０１８年スタートの「つみたてＮＩＳＡ」には大いに期待しています。**つみたてNISAは、普通の生活者にとって投資を身近で当たり前のものにする制度になる**ことでしょう。私自身が子どもの誕生をきっかけに将来のことを真剣に考えるようになったのと同様、今の30代、40代の方が資産形成について考え始めたとき、つみたてNISAという制度があることの意義は非常に大きいはずです。早期に制度改正して、20歳未満の未成年にもつみたてNISAが使えるようになってほしいです。今後はコモンズ投信としても、つみたてNISAを活用していただけるよう積極的にメッセージを発信していきたいと思っています。

企業と個人投資家の「対話」の場を作る醍醐味

コモンズ30ファンドの特徴の1つとして、企業との「対話」を重視していることは第4章で説明した通りです。

とはいえ、ファンドを立ち上げた当初は投資先企業に私たちの理念や考え方が伝わらず、なかなか対話ができないこともありました。**立ち上げてからの数年間、年に1～3回の銘柄入れ替えがあったのは、思うように対話ができなかったことが大きな理由だったと思っています。**

しかし、最近は様相が変わってきました。コモンズ投信の理念が理解され、企業側の姿勢が変化して、対話がどんどん深まっているのです。その結果として私たちの投資プロセスも進化しています。

お客さまと投資先企業が対話できる、交流セミナーや工場見学会などにも積極的に取り組んでいます。目的は、お客さまに投資先企業がどういう会社なのか「手触り」を感じてもらい、数字だけでは見えない価値を知っていただくことです。

たとえば2017年8月には、投資先であるシスメックスの加古川工場で「こどもトラストセミナーでシスメックス『アイスクエア』へ行こう！」というイベントを開催しました。自身の名義で口座を持つ子どもと保護者の方に参加いただき、工場を見学したり製品の組立作業を体験したりするツアーです。子どもたちには小さなメモ帳を配り、ツアー中に**「自分がこの会社を応援したいか」「応援したくなったのはどんなところか」「好きだなぁと思うところはどんなところか」「疑問に思うことは？」**などをメモしてもらって、ツアー後は子どもたち自身が「この会社を応援したいかどうか」を改めて考えてみることにしました。

シスメックスは、血球計数装置や医療用電子機器装置の開発・製造・販売などを手がけている企業です。本来は、とても身近で重要な社会的役割を担っているのですが、一般にはあまり認知度は高くないといえるでしょう。子どもたちにとっても、最初は親しみを持ちにくかったかもしれません。しかし、ツアーの最後に子どもたちの声を聞くと、「シスメックスがないと困る」「この会社を応援したい」という声がたくさんあがったのです。

その声を聞いたときの、シスメックスの皆さんの笑顔。改めて、**「長期投資の醍醐味はまさにこういうところにあるのだ」**と強く感じたものです。

コモンズ投信は、私たちが介在して対話の場を作ることによってお客さまに投資先企業の価値を感じていただくこと、そして投資先企業にも「私たちはこんな個人投資家に応援されているんだ」と感じていただくことを目指しています。

一般に、企業が投資家と接点を持てるのは証券会社主催の説明会や株主総会などの場に限られています。しかし、そういった場に参加するのは多くが株式投資好きの高齢者です。この点、コモンズ30ファンドを通じて長期投資家になってくれる可能性がある人や、現役世代で会社勤めをしているような「普通の生活者」の方々と接点を持つことは、企業側にとっても価値の高いことだと考えます。
たとえば、投資先企業からも好評な最近の取り組みの1つに、企業が作っている「統合報告書」をコモンズ投信のお客さまが見て意見をお返しするワークショップがあります。

統合報告書というのは、企業の財務情報のほか、中長期の経営戦略、ガバナンスやCSR（企業の社会的責任）への取り組みなどの非財務情報まで幅広い情報を1冊にまとめたものです。統合報告書を作るにあたり、企業は大変なお金や時間をかけていますが、それがどう読まれているのかを知るチャンスはあまりありません。

そこで、コモンズ投信の**お客さまが統合報告書に目を通し、直接、企業の担当者に感想や意見を伝える場**を設けたのです。

「社長の写真、笑顔がちょっとカタいですね」

「見たいデータが最初のほうに載せてあるのはいいですね」

そういったストレートな声を聞けた企業の方たちからは、大変喜んでいただいています。

このほか、コモンズ投信では**投資先企業同士の対話の機会も設定**しています。「非財務的な企業価値の研究」をテーマに、年3回ほど、投資先企業の方々を集めた情報交換の会を開いているのです。投資先の約30社のうち、毎回半分くらいの企業から1～3人程度の参加があり、20～30人ほどが一堂に会します。IR（投資家向け広報）部門の方だけでなく、CSR担当部門や経営企画部門、財務部門の方などにも声をかけており、「健康経営」をテーマにした際は人事部の方が参加されたケースもありました。

このような場を設けることは、私たちが投資先企業の「見えない価値」をより深く知る機会になるのはもちろんのこと、**長期的には投資先企業が相互に企業価値を高め合うことにもつながる**と信じています。

ネット銀行、ネット証券や地方銀行に販路を拡大

創業後の大きな変化の1つとして、販路の広がりも挙げられます。

直販投信のみでスタートしたコモンズ投信ですが、2011年には**ソニー銀行**で

「コモンズ30ファンド」の販売をスタートしました。その後、2013年に**楽天証券、SBI証券**へと販路を広げ、2015年以降は**秋田銀行、足利銀行、栃木銀行、横浜銀行、イオン銀行、北海道銀行など**でも「コモンズ30ファンド」が買えるようになりました。さらに、「コモンズ30ファンド」がつみたてNISA対象商品になったことを受け、**静岡銀行やふくおかフィナンシャルグループ（福岡銀行、熊本銀行、親和銀行）**でも取り扱いが始まりました。

会社を設立したときから、私が考えていることは変わっていません。**「長期積み立て投資による資産形成を後押しする良質な投信を世の中に広めたい」**。ただその一点です。

もちろん、長期積み立て投資をコモンズ投信だけでも十分に普及させられるなら理想的だと思います。しかし、1社だけの力では限界があるのも確かです。同じ思いを共有できる販売会社があるなら、草食投資隊がそうであるように、協同して全体のパイを広げていきたいと思っています。

日本の株式市場を育てたい。運用者の思いを伝える投信

――レオス・キャピタルワークス　藤野英人

魅せられた中小型株ファンドマネジャーの仕事

大学時代は法曹界に行くことを目指していました。検事になりたいという夢があったのです。経済や株式には興味はなく、投資の世界に行くことなどまったく考えていませんでした。残念ながら在学中には司法試験に合格できませんでしたので、しばらく社会に出てお金を貯めてから、再度司法試験の勉強を始めようと思っていたのです。

社会人として何の仕事に就こうか考えていたとき、当時のゼミの先生に「いずれ法律家になるなら、さまざまな業種や人間模様を観察できるような仕事がいい。たとえば金融、投資の仕事はどうか」とアドバイスをいただきました。そこで、業界最大手

の投資顧問会社に就職したのです。

当時は本当に会計の知識も証券市場の知識もなかったので、**ついていくだけで精いっぱいだった**という記憶があります。利益とは何か、そもそも商売とは、会社とは何か？　そんな基本的なことが何もわかっていませんでしたので、最初は本当に苦労したのです。アシスタントの期間はとにかくいろいろな分野の勉強をこなすことを要求されました。何度となく、あきらめて司法試験の勉強に戻ろうかと思うこともありました。

しかし、**先輩ファンドマネジャーに連れられて会社訪問**をするようになってから、その思いは徐々に変わっていきました。

私が配属されていたのは中堅中小企業に投資する部署でした。最初は、正直がっかりしたものです。どうせ仕事をするのであれば、「中小企業」なんてつまらない。三菱商事や興銀（旧日本興業銀行）など大きな企業の担当のほうがダイナミックで面白いだろうと思っていたのです。しかも、取材先は大体田舎の小さな工場です。社長にお会いしても、田舎のオジさんがワアワア語っているようにしか見えず、何だかうさんくさいなぁと思っていました。

ところが、会社訪問を続けているうち、だんだんと魅力がわかってきました。小さな地方の工場だと思っていた会社が、実は世界の産業になくてはならない部品を作っている会社だったりするのです。この部品があるからこそ、トヨタの車は走っている。この部品があるからこそ、世界の通信は効率よく回っている。**日本を、世界を支えている会社がここにある。**それに驚かされると同時に、自分が産業を支えている、と熱い自負を持つ社長の姿に共感していきました。

気づけば、**投資は生活の一部**となっていました。世界の産業を支える、日本の隠れた成長会社を探したい。ポケットの中に銘柄のリストを持ち歩いて、朝も昼も夜も、寝るときでも枕元に置いて、いつも考えているという感じでした。

とにかく毎日毎日銘柄を眺めていて、外へ出ても、テレビを見ていても、「この企業は投資できるかな、あの企業は投資できるかな」とまさに24時間考えている状態でした。

ファンドマネジャーになって3年ほど経ったあるとき、自宅の引っ越しをしました。荷物を片付けていると、部屋の隅に司法試験の講座資料がたくさん積んであるのを発見したのです。そのときようやく「あ、自分は司法試験を受けるつもりだったんだ」と思い出しました。すっかり忘れていたのです。それだけ、投資、調査の仕事にのめり込んでいたということなのでしょう。むしろ、この仕事を一生やっていきたい、という思いを心の底に抱くようになっていたのです。

▲投資哲学は「常識の否定」

ファンドマネジャーやアナリストとして独り立ちをするには、少なくとも5年間の期間は必要だと考えています。

なぜ5年間かというと、その5年間の中には大体、景気のサイクルの上げの局面と下げの局面があるからです。その両方を経験しないと、ファンドマネジャーとして一人前ではないといわれています。**景気の上昇期には上昇期の戦略が、下降期には下降期の戦略がある**からです。

私は最初の大手投資顧問会社にいたのが約6年半なのですが、その間にファンドマネジャーとしての一通りの経験ができました。その意味ではまずは育てていただいたその会社にはとても感謝しています。

1996年からファンドマネジャーとしての私の第2ステージ、外資系の投資顧問に移りました。当時、日本の投資の世界にも外資が参入し、優秀な人材はどんどん引き抜かれていきました。終身雇用制が崩壊していくことを想定していた中で、私自身も**このまま日本の大手にいることに対し、危機感を覚えた**のです。実力の世界に入って、今からもまれておいたほうが10年後の自分の価値は高まるのではないかと考えました。

転職した英国系の運用会社は日本人と外国人とのミックスカルチャー。いろいろな価値観やライフスタイルがありながら、それぞれに結果を出していく、というスタイルが私には合っていたようです。米国系のように独立したブースではなく、座席も日本の企業のように、チームごとの島になっていました。外出先から帰ってきたら、「どこに行ってきた?」「買いか売りか?」など、矢継ぎ早に質問がくるのです。その場でディスカッションになって、「OK、買おう!」というような、スピーディーなところが性に合っていました。

しかし、そこで私は**不本意ながら「カリスマファンドマネジャー」**と呼ばれるようになってしまいました。1999年に大きなインターネットバブルが発生し、いち早くその企業に投資していた私はその銘柄で大成功したことがあったのです。1999年の1月に投資をした1万円が、翌2月には5万円になるということがこの年に起きました。1998年のどん底期に140億円程度だった運用額は、あれよあれよという間に、ピークでは2800億円になってしまったのです。

カリスマというよりも、私は人の逆をやっただけです。常識に対する否定です。特定の業種だからダメだとか、この会社は派手だからダメだとか逆に地味だからダメだとか、多くの人はさまざまなレッテルを貼ります。**貼られたレッテルに対して全部疑うということが大事**なのです。株式は安く買って高く売ることが儲けの極意。1998年の誰もが株式に投資したくない、と考えたときにこそ投資をしていました。

バブルが発生してどんどんファンドに資金が集まり続けていたときも、私は人と違うことを考えていました。マーケットは早晩、大きく下落するだろうと読んでいたのです。しかし、途中で運用をやめることは許されませんでした。結局、私はその会社を1999年末に退職しました。

そして、米国系の資産運用会社に転職をしました。待遇も悪くなく、よい仲間に囲まれました。しかし、**一方で私は根の深いジレンマを抱いていました。**それは運用者の思いと、ファンドに集まるお金の動きが、まったく異なっているという現実です。

運用者としては安いときにこそ成長の期待できる有望株を仕込もうと考えます。相場が悪くなっても、それはチャンス。むしろ買い増しをしたいのです。しかし、お客さまのほうが耐えきれなくて、解約してしまいます。結果的に「今が絶好の買い場なのに」というときに解約が進むため、運用会社の側も投資先の株を手放さざるを得ないのです。

投資先からは「藤野さん、長期投資じゃなかったの?」といわれてしまいました。私は心苦しく思いながらも、お客さまから解約があればキャッシュにしないといけないから、株を売らざるを得ない。「このドン底で売るのか、こいつは信用できない」と思われてしまったはずです。

調査を重ねて、その理念に共感し、投資を決めた私の大好きな会社。その会社がつらいときに、応援するどころか裏切るような形で株を売って現金化しなくてはいけない。**ずっと、この構造を破りたかった**のです。

▶「新しい資産運用会社を立ち上げたい！」

私は1999年に会社を作ったあの人のことが、ずっと気になっていました。澤上篤人さんです。

私がいつも悩んでいたのは、お客さまとのコミュニケーションでした。間にいつも販売会社が絡んでいるために、販売会社の戦略によって私たちが振り回されてしまうと感じていたのです。

相場で勝利をするには、実はブームによらない戦略が非常に重要です。安く買って高く売るのが相場で勝つ極意なのに、実際には人気が出るとき＝相場が高いとき、に商品の多くが設定され、不人気なとき＝相場が低いときにはそのような商品は販売されないという事実です。

相場が不調だった1998年、2003年に、今こそ日本株の魅力をと販売会社に語っても見向きもされず、相場が好調になってくると「出番です」とばかりにセミナーの講師に呼ばれたりすることに疑問を持っていました。

お客さまにとって本当に必要なのは、ファンドマネジャー自身が自信を持った商品をきちんと説明して語り続けていくことなのではないかと思ったのです。

澤上篤人さんは1999年に「さわかみファンド」を立ち上げていました。「直接販売」という「直販」の方法でファンドマネジャーがファンドを運用し、営業をしていくというスタイルです。

2000年の2月に大手投信が新ファンドを立ち上げ、1兆円規模のお金を集めました。当時のさわかみファンドは30億円の規模。優に300倍以上の差があったのです。大手投信のファンドはその後株価の下落と人気の凋落により大きく残高を減らし、その5年後にさわかみファンドが大手投信のファンドを運用残高で超すとは、当時、誰も思わなかったでしょう。

私は澤上さんに相談をしました。2003年3月のことです。新しい資産運用会社を日本で作りたい、そのやり方を教えてほしい、また私ができるのだろうか、と。澤上さんは明快に、

「今すぐ作ればいい。やる気になればできる」

と答えてくれました。ここまで見せてしまっていいのか、というほどの細かい資料

や書類をたくさん持ってきて、バランスシートの状況から、封筒の折り方まで、すべて丁寧に説明してくださったのです。

とても感激しました。1時間半ほど経ち、お忙しいでしょうからと思って席を立とうとすると、

「ちょっと待て。話したいことの半分くらいしか終わっていない」と。なんと3時間もみっちり講義を受けてしまいました。創業のきっかけはいろいろあるのですが、これは大きな出来事でした。

起業、そして念願のひふみ投信の組成へ

2003年は非常に厳しい年でした。日本の銀行の不良債権は膨大にあり、日本はその処理に苦しんでいました。りそな銀行への公的資金の投入がきっかけで株価は反転することになりますが、この年も厳しい不況であったのは間違いありません。

誰もが起業には反対したのですが、**今までの運用経験からも「少数派が勝つ」ということを信じて、会社を作ることを決断**しました。「レオス・キャピタルワークス」

という会社で、4名の仲間での起業です。

私たちが掲げたミッションは、資本市場を通じて社会に貢献したいということです。レオスとは古代ギリシャ語で「流れ」という意味です。**私たちは資本市場に「流れ」を作り出したい**と考えています。**「思い」の流れ**です。

今までの歴史を見ると、運用業界には運用者にも販売者にも、そして投資家にも、日本の株式市場を育てようという人たちがあまりにも少なかったように思うのです。株式市場というのは、そこで売り買いされているものは会社です。会社というのはひっくり返すと社会。その社会そのものの価値を売り買いする場ですから、本来、とても重要な聖域なのです。聖域にかかわる人たちこそが、聖域を大切にしないと、社会はいい方向には発展していかないと考えています。

公正に、とはいわれていましたが、もっと愛される株式市場にしよう、という取り組みはほとんどなかったと思います。

もちろん、私たちの会社は投資して儲けることが目的ですが、もっと手前で見ると、**株式市場そのものを大切にしよう、伸ばしていこう、という部分についてどこよりもまじめな会社でありたい**のです。長期的に見ると、そうしたことが正しい思いを持った企業を成長させ、結果、日本という社会全体を成長させます。それをバックアップすることは、会社としても大きな成功になるのではないかと思っています。

私たちは創業のときから、いつか理想の投資信託を作りたいと思っていました。

当初は機関投資家や年金のお金を運用する投資顧問の仕事を中心にしてきましたが、いよいよ2008年に思いのいっぱいに詰まった「ひふみ投信」を立ち上げることができました。

それは私が起業した目的である**「資本市場を通じて社会に貢献する」**ことを可能にする、と自信を持ってお伝えできる商品になっています。

「ひふみ」という言葉にはいろいろな意味がこめられています。

1つには、日本の昔からある数の数え方、ひい、ふう、みい、すなわち1、2、3ということから、基本をしっかり見据えて足元をしっかり踏みしめるイメージです。誰でも月々1万円から投資ができるハードルの低い投資信託を作りたいという思いをこめています。

また長期投資にあやかって、一日一日「日を踏んで行く」という意味も「ひふみ」

の中に含んでいます。また、一日一日、文をしたためるようなメッセージがあるという意味も「ひふみ」の中にこめています。

さらには、昔、日本人は火と風と水と土とで世の中は作られていると考えていましたが、それに人の心の信頼の「信」をつけて、「火風水土信」とつなげると、実は「ひふみ投信」と読むことができます。

ネット証券や地銀に「ひふみプラス」を提供

ひふみ投信を立ち上げてからの間に起きた大きな変化の1つは、2012年、「ひふみ投信」と同じマザーファンド（ひふみ投信マザーファンド）に投資する**「ひふみプラス」を立ち上げてパートナー販売会社への提供を開始した**ことです。

最初に**SBI証券**で「ひふみプラス」が買えるようになり、2013年以降は**ネット証券や地方証券会社に加え、多くの地方銀行でも取り扱われる**ようになりました。

2017年10月末時点では、「ひふみプラス」の販売会社は48社にもなっています。

レオスでは、「ひふみ投信」の立ち上げから一貫してお客さまとの距離の近さを重視してきました。この点、地域に密着した証券会社や銀行なら、お客さまとじっくり対話しながら「ひふみプラス」を販売してもらえるというのが販売会社拡大の大きな理由です。

ネット証券での販売についても、自分で情報を収集し納得して投資の意思決定をするお客さまが多く、レオスの理念に共感して長期で「ひふみプラス」を保有する方が中心になっています。

今後は、**地元に密着してお客さまと近い距離でひふみプラスを販売してくださるパートナーをすべての都道府県に広げたい**という夢を持っています。

「ひふみ投信」「ひふみプラス」、それに2016年に立ち上げた確定拠出年金向けの「ひふみ年金」をあわせた**運用資産額は、2017年9月末時点で約4000億円**にまで成長しています。

設定来のパフォーマンスからいえる「ひふみ」の特徴は、下げ相場にも上げ相場にも強いということです。経済危機で株式市場全体が下落するときは「ひふみ」も一時的に値下がりしますが、その後の戻りが強いことが多いのです。これは、株式市場全体が下げたとき、それまで割高で買えなかった魅力的な優良銘柄に集中して投資するようにしているからです。優良銘柄には、危機が過ぎれば再びお金が回ってくることが多いです。そこで「ひふみ」が大きく上がりやすいというわけです。

このような運用ができるのも、**お客さまと二人三脚で長期投資**をしているからです。通常、株式市場が大きく下げれば投信を売ってしまう人が多いもの。しかし、私がいつもお客さまとのコミュニケーションの中で「値下がりしたところで売ってしまうのは損です」とお伝えしていることもあり、レオスのお客さまは暴落時に追加で投資をする人が多いという特徴があります。

危機のときほど資金が流入するので、私たちは株価が下がったところで優良銘柄をしっかり仕込めるのです。

米国株への投資を開始。今後は世界の株が投資対象に

「ひふみ」は日本株ファンドというイメージが強いと思いますが、実は最初から外国

株にも投資できる設計にしていました。

これまで日本株だけで運用していたのは、正直にいえば、貧乏だったからです。外国株に投資したくても、調査のためにどんどん出張するというわけにはいきませんでした。また、ファンドのサイズが小さかったので、日本株だけでも成長する企業を見つけて投資すれば十分にパフォーマンスを上げることができたというのも理由の1つです。

やっと海外に出張できる余裕が生まれ、またファンドの成長に伴ってパフォーマンスをあげていくために日本株以外にも投資対象を広げたほうがいいという判断もあり、**2017年、「ひふみ」は米国株への投資を始めました。**

もっとも、レオスは日本の投資運用会社ですから日本企業を丁寧に調査することが強みの源泉ですし、日本の投資家のお金を日本企業に回して日本経済に貢献するというビジョンがあります。ですから、今後も**外国株の組入比率は2割程度を上限**と考えています。

今後、より重要になっていくのは、レオスのアナリストやファンドマネジャーの腕を上げていくことです。

レオスでは、国や地域、業種などによって担当を分けていません。全員が、どこの国のどんな企業を調査してもいいということになっています。最近は米国に調査に行っているアナリストもいますし、今後は中国をはじめとした新興国やヨーロッパの会社も調査することになるでしょう。

こうした経験により世界のトレンドをつかめば、日本のトレンドを客観的に見る力がつくのではないかと思います。もちろん、**世界の企業を知ることは日本企業の調査をするうえで必要な見識を高めることにもつながる**はずです。

レオスで働くアナリストやファンドマネジャーに対しては、「企業調査が大好きな人にとっては天国」という環境を強化していきたいとも思っています。レオスは、社員をプロとして正当に評価しきちんと対価を払うことを大切にしていますが、「短期間で大金を稼ぎたい」という人には向きません。それでも、行きたい国や企業にはどんどん出張できて、いくらでも企業調査ができるなら、「好奇心を満足させたい、成長し続けたい」という人には「この会社は最高だ」と思ってもらえるのではないかと思うのです。

AIは「勘のいいオジさん」

今後は新たなアナリストやファンドマネジャーの採用やポートフォリオ全体の管理を担う「ポートフォリオデザイナー」の設置により運用チームの強化を図っていきます。ファンドマネジャーが銘柄の売買について意思決定するのに対し、ポートフォリオデザイナーは大型株・中型株・小型株のバランスや米国株の組入比率などをチェックし、アドバイスする役割を担います。

また、新たにAIも導入する予定です。

AIには、ポートフォリオ管理のほか、**「AIアナリスト」**として日本株をスクリーニングし有望銘柄をピックアップさせたいと思っています。AIで自動投資するのではなく、あくまで**ビッグデータを分析して傾向を導き出す「アナリストの1人」**という位置付けです。このほか、市場の先行きを予測して暴落の兆候が出たときにAIがアラートを出してくれるようにするつもりです。いってみれば、AIは「勘のいいオジさん」のようなものですから、危ないときに「気をつけて」といってくれるオジさんを雇うという感覚です。

もちろん、「勘のいいオジさん」が学習によってどんどん賢くなれば、いずれはトレーディングそのものをＡＩに任せる可能性もあるかもしれません。**「運用でパフォーマンスを上げられるものは、なんでも使う」**というのが「ひふみ」の運用の考え方です。

「ひふみ」は常に進化の途上にあり、今後もより先端的な運用を目指して進んでいきたいと思っています。

第6章

三者三様
ホンネでバトル！
あなたに合った
らくちん投資

- ✓ 第４章で３人の草食系投資のアプローチを、第５章ではそれぞれがファンドを立ち上げた経緯やこれまでの取り組みをそれぞれ紹介しました。
- ✓ 本章では、私たち３人がお互いの運用手法や今後の戦略について突っ込んでいくことで、３人の投資手法の違いを見ていきます。

「インデックスvs.アクティブ」論争は意味がない

中野：ここからは僕たちの運用手法の違いを知ってもらうために、3人でいろいろ意見をぶつけ合おうということですね。まず、僕と2人はわかりやすく違うんですよね。運用対象のフィールドからして。

藤野：**僕と渋澤さんは主に日本株のアクティブ運用で、中野さんは国際分散、それとインデックス派、**でもあるよね。

中野：……「インデックス派」かぁ。これは早速反論したいところなんですよね。「インデックス派」って、すぐレッテルを貼られるんですけど、ちょっとそのへん、納得いっていないところなんですよね！　僕自身は、根っからアクティブ運用者だし、インデックスを活用した合理的運用もする、という多面性で評価してほしいですね。

渋澤：インデックスおたくなんだと思ってたよ。

中野：おたくって！　違いますよ、失礼な！

渋澤：ははは。ごめん。〝積立王子〟だったね。大いに反論してくださいよ（笑）。

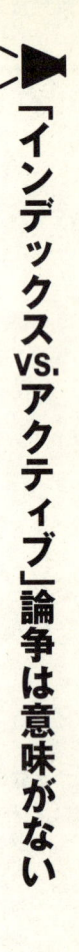

その前に、まずインデックスと、アクティブっていう言葉をもう一回整理しておきましょうか。

アクティブ運用は、その言葉の通り「積極運用」ですね。ファンドマネジャーがリサーチして、より成長が期待できる銘柄を選別して、市場平均を上回る運用成果を目指すというものです。対して、**インデックス運用というのは日経平均株価、TOPIXなどの指数（インデックス）に連動した運用**のことですね。

こう考えると、「アクティブ」の対義語って、厳密にいうとインデックスじゃなくて、「パッシブ」になるんでしょうね。

中野：そう、僕は言葉としては「パッシブ運用」のほうがしっくりくるんですけど。アクティブでない、という意味で。あらゆる「恣意性」を極力排除しようという運用手法ですよね。まぁでも、一般的には、インデックス運用＝パッシブ運用ですし、「インデックスとアクティブ」というセットでの比較のされ方が多いですよね。

で、なんで、僕が「アクティブ運用なのかという話ですけどね。「セゾン・バンガード・グローバルバランスファンド」はバンガード社の運用する8本のインデックスファンドを組み合わせたファンド・オブ・ファンズなんですが、組み合わせ方に運用者の趣向を凝らしているんです。だから、れっきとしたアクティブファンドなんですよ！

藤野：なるほど。つまり、**パーツがインデックスなだけ**、ってことね。

中野：ただのインデックスファンドでいいなら、僕はいらないでしょ。最初から最後まで機械でいいはずです。でも、僕らは８本の**ファンドの組み合わせ方について、常に独自の工夫をしているんです**。毎月、世界中の市場規模の変化に応じて組み入れ方のバランスを変更している。そこに付加価値を提供していると自負しています。それが運用者としての、プライドです！

渋澤：ＯＫ、運用者のプライドがある、というのはわかりました。でも、インデックスファンドをパーツとして使っているし、大きく分ければ発想としては、インデックスのファンドでいいんでしょう？　「平均をとりにいく投資」と謳っていますもんね。

中野：実はこのファンドはベンチマークがないのです。なのでインデックスファンドではなくて、インデックスを活用したパッシブ系アクティブファンドという表現が正しいでしょう。実際のところ「つみたてＮＩＳＡ」でもセゾン投信は２つのファンド共に「アクティブ系投信」で登録されています。

藤野：ははは。わかりましたよ。

「ファンドの組み入れ方について独自の工夫をする。
それが運用のプロたる所以」（中野）

中野：たぶん「インデックス派vs.アクティブ派」といわれるのが違和感があるのかもしれない。メディアが取り上げるときって、いつも対決みたいにするでしょう？　そのほうが目立つんだろうけれど。どっちが正しい？　みたいな。

そういうとき、僕はわかりやすいからインデックス派にされちゃう。でも、インデックス派の人は、インデックスファンドしか買っちゃいけませんってこと？　そんなわけないですよ。**もっとファジーですよね、何事も。**

渋澤：それは思いますね。そういう二項対立の議論って、大抵、すごく不毛じゃない？

藤野：どっちが正しいっていう話に、終わりはないですよね。その人次第なんです。その人にとって、結局、好きか嫌いか、だと思う（笑）。

渋澤：そうなんですよ。だってどんなにインデックス運用が正しい！っていわれても、僕は「つまらなくて」できないんだもん（笑）。アクティブが嫌い！っていう考えもアリでしょうね。

中野：どっちもアリなんですよ。だからセゾンでは2種類のファンドを用意してるしね。どっちじゃなきゃ正しくないっていうこと自体が、そもそも正しくない。要するに、どっちでもいい（笑）。僕ら3人が提供する**草食系投資の仕組みは、「当たり前のこと」を続けられるようになっている。**そこが一番でしょ。結果的に、リターンが大きかったり小さかったりっていうことはあるかもしれないけれど、どのやり方でいってもそんなに無茶苦茶なことにはなりません。そう思いますよ。

インデックス、アクティブの強みと弱み

藤野：というわけで、インデックスvs.アクティブ、どっちが正しいというのは無意味だから議論はしないとして。僕らが今考えているそれぞれの強みや弱みっていうのを

提示するのは意味があることかな、と思うんですが。

中野：はい。**読者の方が自分に合った手法を選ぶためのきっかけになる**といいですしね。

藤野：まずわかりやすいところでいえば、インデックス運用は運用コストが安いというのがありますすね。機械的に運用できるので、運用にかかる手数料、信託報酬が低い。

中野：合理的に考えると1つの解ですよね。信託報酬は年間を通してかかるものですから、結局コストの分だけ投資家は負けていくっていう……。長期で複利運用をする場合、コストは安ければ安いほど、勝てる確率が上がる。だから有利だといわれますよね。

渋澤：**コストだけを考えてインデックスを選ぶというのは、ちょっと寂しい**ですけどね、正直。コストが高くてもリターンを上げられるアクティブファンドも存在しているのに。ヘッジファンドの世界では「コスト」より「リターン」が重視されていますからね。まあ、それができないヘッジファンドが増えたという傾向もありますが。

中野：「いいアクティブファンドもあるのはわかる。でもそれを選べる自信がない、天才じゃないし。だったら最初からインデックスでいい」というのがあるんでしょう。

渋澤：そうなんだけどね。僕、ちょっと納得いっていないことがあって。学者の「アクティブはインデックスに負ける」という論文がよくあるじゃないですか。でも、それが実態で将来もそうだ、と鵜呑みにしている人もいるんじゃないかなぁ。あれって、「論文バイアス」がかかっていると思います、それなりに。

論文では、たとえばアクティブファンドの100本の「平均」をとってインデックスと比較します。**標準偏差**をとって、平均的なアクティブファンドの真ん中は大体ここです、と。そのとき**トップの10本も、ワーストの10本も入れない**はずです。それらはアノマリー、統計的な例外になるからと。僕が学者だったら入れないもんね。でも、それってどうなんだろうって。

中野：数字のマジックですよね。確率統計学という。**僕らはトップ10を目指しているのに。**

藤野：僕は論文でいうと「時期のとり方」が大きいと思いますよ。

渋澤：はい。確かに、過去、右肩上がりの時代を切り取ったらインデックスが強い。全体が上がるんだからアクティブの優位性がないわけです。コスト分だけインデックスが勝つようになる。

藤野：『敗者のゲーム』という、インデックス投資のバイブルがありますよね。あれ

「僕らが目指すのはトップ10。平均なんて関係ない」
（渋澤）

には明確に書いてあるんだけど、「インデックスがボロ負けしている」何年かがあるんです。それはいつかっていうと「株式の死」といわれている、1970年代から1980年代。このとき、米国のマーケット指数はフラットだったんです。USスチールやGMなどの会社がだんだん悪くなってきて、一方でマイクロソフトやアップルが勃興してきた。

渋澤：一方で伸びる、一方で下がる。インデックスは両方を食ってしまうからフラットなんです。こういう時期はアクティブのほうが利益を出しやすくなります。

藤野：ピーター・リンチやウォーレン・バフェットなど、アクティブファンドの神さまと呼ばれている人たちは、そのとき稼いだ人たちです。負け組に投資しないで、勝ち組に投資するからなんです。じゃあこれからどういう時期になるのかって考えてみると、**勝ち組と負け組が鮮明になる時期**なんじゃないかって。

中野：日本の平均をとったところで成長しないんだから、30銘柄なら30銘柄でこだわってやっていくっていうのは非常に筋が通っていますよね。

▶運用チームはどうやって銘柄を選ぶ？

中野：今度は、アクティブファンドを運用する2人に、僕がちょっと運用の気になるところを聞いてみようかと思います。では、まず、**運用チームがどうやって銘柄を選んでいるのか、現場の様子**を教えてもらいましょうか。

渋澤：コモンズでは月に2回、「投資委員会」というのがあって、運用チームが提案する候補銘柄をそれぞれメンバーが、ＩＲの姿勢だとか、生活者の意見だとか、侃々諤々と話し合うわけです。買うときも外すときも、結構意見は割れますね。

収益力、競争力、経営力、対話力、企業文化と5つの基準を置いているんですけれど、収益力を除くと、数字にできないものばかりなんですよ。30銘柄しかないので、自分たちが一緒に歩んで、ワクワクできない銘柄を入れるのはもったいないわけです。**その企業がどんな未来をもたらすか。どんな未来を作ってくれるのか。**そこはかなり大きいので、**なかなか定量に落とし込むことはできない**ですね。

中野：コモンズは定性的な評価を極めていて、8割9割が定性評価という印象ですよね。

渋澤：はい。もちろん定量的なフィルタもかけるけれど、最終的には定性でしょうね。

中野：藤野さんのところはどう？

藤野：僕たちは中小型もターゲットにするのが特徴ですから、**運用チームは毎日会社訪問に行って、これから伸びそうな会社を「足を使って」探してくる**わけです。だけど、それだけじゃなくって「ロボットくん」がいます。日本の上場企業すべての割安度を、毎週毎週、1から5にロボットくんがレーティングしてくれるんです。割安なもの、魅力的なものは1、そうでないものは5。僕らの定性的な調査では1だったのに、ロボットくんが5を出してくるときがある。どちらが正しい、というのはなくて。そこでもう一度議論が生まれますよね。

僕は**「アート」と「サイエンス」の融合**をいつも考えていて、人は人でしか見られないと思っています。とはいえ冷静さや客観性も必要。その間のバランスをとるスタイルだと思います。

中野：なるほど。人に偏りすぎないように注意している、というわけですね。ロボットくんって、長期投資の中ではいつまで使えるものなんでしょうか。あらゆるシステムトレードの類いって、必ず「効かなくなる」ときがあるじゃないですか。

藤野：もともと野村投資顧問（現野村アセットマネジメント）時代から作っているものなんですよね。もう二十数年くらい、一緒にいる。だから、定期的にメンテナンスをしています。今後はロボットくんにAIを導入する計画もあります。

渋澤：長年の相棒か。「スター・ウォーズ」のR2－D2みたいですねぇ（笑）。

投資方針はどう異なる？

中野：次に、銘柄についてですが。コモンズは30銘柄という厳選投資なわけですが、分散効果はきちんと出ていますか？

渋澤：はい。**理論的に、20以上あれば9割以上の分散効果があると**いわれていて、自分自身の運用体験による感覚も同じですね。こちらがヘコんでも、あっちは上がっているって。

中野：なるほど、分散効果は期待できるんですね。30銘柄は、必ずしもすべて大型株じゃないですよね。規模が大きくなったときは、どうするんですか？

渋澤：澤上さんは1兆円ファンドになりたいって以前からお話ししていますけどね。僕らはあくまでもパフォーマンスが一番大事だと思っていて。それが実現できない規模になったら、とりあえずクローズして新規の買い付けを受け入れず、また違うファンドを立ち上げると思いますよ。

中野：藤野さんのところは、これまでは100％日本株でしたが、2017年になってアメリカ株も組み入れ始めましたよね。

藤野：もともと外国株も組み入れられる設計にしてあったんです。**長期でお客さまの資産を守っていくためには、運用者はフレキシブルに環境に対応する「カメレオン」でなくてはいけないと**考えていますからね。だから現金比率もフレキシブルなんです。

中野：そこは特徴的ですよね。日本のこれまでのアクティブファンドというのは、必

「優秀な運用者は優秀な『カメレオン』」
（藤野）

ずガイドラインがあった。バリューだ、グロースだ、小型だ、大型だ、とか。

藤野：僕らの場合、あえて決めない。それがガイドラインですね。

渋澤：それはコモンズも同じ。ガイドラインは作りません。

中野：そこは一緒なんですね。でも2つの投資方針は、かなり特徴的で、全然違います。

ガイドラインに数値化できない部分が多いからこそ、運用者の話をフェイス・トゥ・フェイスで聞く、それで納得したら買う、という ことが必要かもしれませんね。

第 7 章

「草食系投資」が 作る 日本の未来

✓「草食投資隊」を結成したのは2010年のことでした。最後の章では、これまでの草食投資隊の活動を振り返りながら、草食系投資のさらなる普及に向けた期待や、これから草食投資仲間になろうと考えてくださっている皆さんへのメッセージを語り合います。

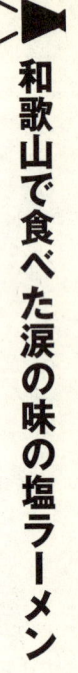

和歌山で食べた涙の味の塩ラーメン

渋澤：草食投資隊の活動を振り返って最初に思い出すエピソードが2つあるんです。1つは、初めてセミナーを開いた福岡大学の思い出。それなりに人が集まってくれて、たしか参加者が20～30人くらいだったかな。それで、数年後に再び福岡で草食投資隊のセミナーを開いたら、最初のセミナーに参加してくれていた男性と女性がそのセミナーでの出会いをきっかけに結婚して、2人でまた来てくれたんですよ。

その後もセミナーでの出会いから誕生したカップルは結構いるんですけれど、これは自然なことでもあって。**長期投資のセミナーに来るとお互いの価値観の話になったりします**から。だから僕としては、「草食投資隊のセミナーに行くと出会いがある！」っていう都市伝説はもっと広めたいんです（笑）。

もう1つは、僕たち3人が初めて和歌山県でセミナーを開いたときのことで、50人以上は楽に入る大きな会場だったのに、セミナーが始まった時点で集まっていた参加者が3人しかいなかった、という……。天気が荒れていたとはいえ、僕と中野さん、ほかに草食投資隊の関係者が3人いて、参加者よりこっちの人数が多かったんですよ。それで今でも覚えているのが、遅れて到着した藤野さんが、会場のドアを開けて人が全然いないのを見て、そのままドアを閉めちゃった。

藤野：会場を間違えたと思ったんですよ（笑）。

渋澤：遅れて参加してくれた人もいたけれど、**結局6人しか集まらなかった**んですよ。帰りに和歌山駅でラーメンを食べながら、「やっぱり直販って大変だね」って3人で話しましたよね。あの塩ラーメンは涙の味でした。

中野：とにかく、最初は苦労しましたよね。でも、その苦労が楽しかったし、3人で活動するときは**「投資って怖くないんだ、楽しくてワクワクするものなんだ」**というイメージを持ってもらうことをすごく大切にしてやってきました。

渋澤：和歌山も、その後5年ぶりに行ったときは参加者が60人に増えていて、お祝いのラーメンを食べましたよね。

中野：その60人の中に、「以前も参加しました！」という人がいて。最初に来てくれた6人のうちの1人だったんです。

深かったリーマン・ショックの傷。さらなる大逆風も

渋澤：**草食投資隊を結成したのは2010年**だから、まだリーマン・ショックの傷が癒えていなかったですよね。

中野：あの「百年に一度」といわれた金融危機のあとは、**世界中のお金が動かなくなりました。**投資のムードは、ここ十数年では一番冷え込んでいたと思います。セゾン投信では毎月バンガード社の日本代表と2人でセミナーを開いていたんですが、リーマン後はどんどん参加者が減って、最後は6人になっちゃって、バンガード社の人から「さすがにやめましょう」といわれたりして……。

その時期によくこの3人が集まったなぁ、ということなんですけれど、逆にいうと、3人で集まって寄り添って温め合うしかない状況だったんですよね（笑）。

藤野：何が大変だったって、2012年に発覚したAIJ事件ですよね。AIJ投資顧問という独立系運用会社が預かっていた年金基金のうちなんと2000億円も消失させていて、関係者が国会に参考人招致されて。あれが日本の年金史上、憂うべき大

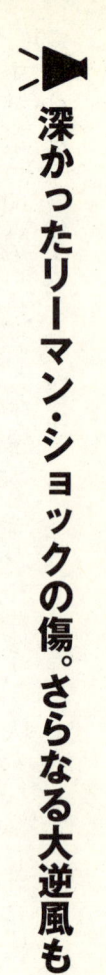

事件であったのは間違いありません。

あの事件のせいで「独立系運用会社は危ない」「独立系を採用するなんてもってのほか」という空気が充満して、金融庁も独立系運用会社の一斉調査に乗り出したんですよ。投信って資金を溶かしようがない仕組みになっているのに、とばっちりもいいところで、あれは本当に大逆風でした。もう、台風です。

中野：当時は業界大手がＡＩＪ事件を逆手に取って「われわれは大手だから大丈夫です」っていっていましたよね。投信業界でも独立系運用会社に対するネガティブキャンペーンを張られて、実際、お客さまから**「こんな話を聞いたけど大丈夫なのか、まじめにやっているのか」**と聞かれたこともありました。

渋澤：ちょうどアベノミクスの前くらいの頃は、いろいろな意味で冷え込んでいましたよね。

草食投資隊3人が「東証＋ＹＯＵ」中核メンバーに

中野：そんな「どん底」の２０１２年に入った救いの手が、東京証券取引所が展開した「+YOU（プラス・ユー）ニッポン経済応援プロジェクト」。

藤野：当時は株価もどん底で、日経平均株価が8500円くらいでしたから、東証の人が「これはなんとかしないとダメだ」ということで**投資の魅力を伝える草の根キャンペーン**を始めたんです。47都道府県を回ろう、って。最初は大手証券に中核メンバーになってほしいって声をかけたらしいんですけれど、「そんなことはやれない」といわれて、僕らに話が回ってきたんですよね。それで草食投資隊の3人と、澤上篤人さんと、マネックス証券の松本大さんが初期の中核メンバーになって。

でも、僕ら3人がいざ愛媛県今治市まで行ったら、東証主催なのに参加者が7名しかいなかった。立派なホテルで150人くらい入るセミナールームに、7人。愛媛新聞の朝刊に広告を出したり、テレビでもCMを打ったりしていたんですよ。

渋澤：東証の人たちは真っ青になっていましたね。

藤野：関係者一同、心が折れそうになりましたよね。そんなこともあったから、**僕らは首尾一貫して、手弁当で時間とお金と体力と精神的エネルギーを消耗させながらここまで来たんだ**という思いはあります。もちろん辛いことばかりじゃなくて、楽しいこともあったけれど、これが僕一人だったら絶対にここまでやれていなかったと思う

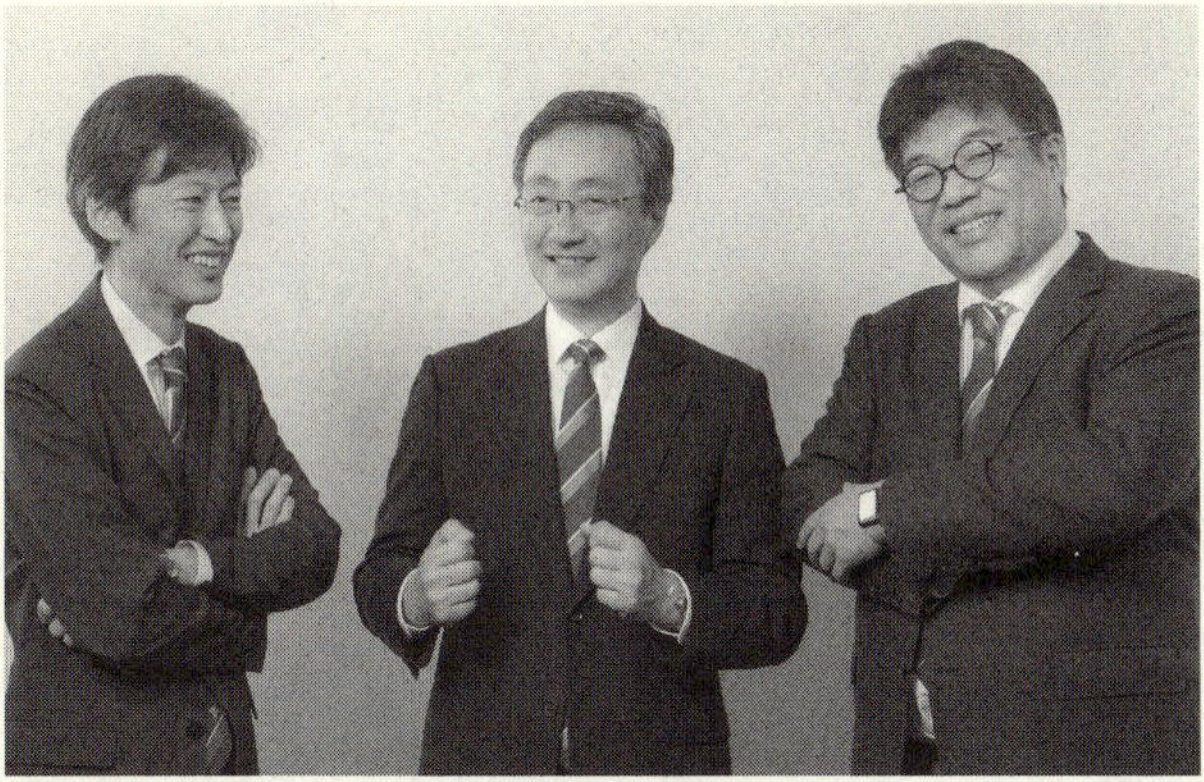

「僕らはずっと個人投資家の応援団！」
（中野・渋澤・藤野）

んです。

その後、アベノミクスでマーケットが上昇すると共に草食投資隊や東証＋ＹＯＵの認知度も上がってきたからよかったんです。

中野：いろいろありましたけれど、どん底だった２０１２年に東証＋ＹＯＵに救われたのは間違いないですよね。藤野さんが「これは錦の御旗だ、草食投資隊は賊軍から官軍に変わるんだ」っていって喜んで……。ちゃんと３年、４年と続いて、**東証のスタッフも共感して草食投資隊のファン**になってくれました。

渋澤：僕が自負しているのは、僕らがやっていることは変わっていなくて、一貫して個人投資家の応援団をやってきたわけです。そこに、東証というエスタブリッシュメントが「お墨付き」をくれたのが+YOUだったんですよね。

金融庁が取り組む長期積み立ての推進と私たちのミッション

藤野：そうこうしているうちに森信親金融庁長官が現れて、「長期投資が大事だ」「大手金融機関は何をやっているのか」と草食投資隊と同じことを言い出して、**一気に風向きが変わりました**。つみたてNISAという制度もできて、今度は「台風並みの追い風」を受けている状況です。

中野：東証+YOUのこともあって、草食投資隊の活動は金融庁の目にも留まっていたはずですよ。僕、金融庁の方に「草食系投資の本を読んでいる」という話を聞きましたからね。

藤野：それでいうと、**3人で活動してきた**のはよかったですね。特定の1社の動きだけでは注目されにくいでしょうけれど、草食投資隊として3人が活動していたことで、**1つのムーブメントとしてとらえてもらえた**面はあったと思います。

渋澤：確かに、東証や金融庁の動きは草食投資隊にとって追い風です。でも、追い風を受けているからといって、これまでの活動と何かを大きく変えるということはありません。**やることは、今までと一緒**です。

森長官も任期がありますから、いずれは退任する。だから、ここから大事になるのが**「この動きをどう根付かせるか」**ですよ。そこでつみたてＮＩＳＡが果たす役割は大きいと思います。もちろんつみたてＮＩＳＡも完成された制度とはいえなくて、恒久化されていないことなど課題は残っていますが、僕たち草食投資隊としては精神的にも会社としても全面的にコミットしていきたいですよね。

中野：今では金融庁も「独立系」という言葉をポジティブな意味で使ってくれるようになりました。もともとアメリカでは独立系運用会社の勃興が資産運用業界を発展させたという歴史があって、そのことを学んだ金融庁には「アメリカより20年も遅れている日本で同じムーブメントを起こしたい」という考えがあるのでしょう。そういう状況になった今、僕ら3人が意識しなきゃいけないのは、「僭越ながら」じゃなく「堂々と」この業界でリーダーシップを発揮しなければならないことだと思います。

草食投資隊には、これまで培ってきた大きな財産があります。それは、**3社ともじっくり残高を積み上げてちゃんとビジネスとして成立するところまで持ってきた**ということです。業界内では金融庁に対して面従腹背で、「積み立てなんてみみっちい、小さなお金を集めたって儲からないんだからまじめにやる必要はない」と考えている金融機関も少なくないのが実態だと思いますが、積み立て投資を文化として根付かせるには、**金融機関の経営者が、積み立てをよいビジネスモデルだと認識できなければいけません。**金融庁への忠誠を示そうと「赤字覚悟でやります」「損益抜きで頑張ります」なんていう声も聞きますが、そういう発想でやっている限り話にならないんですよ。

この点、僕たちには、実際に積み立て投資でビジネスを成立させたという実績があります。その実績を堂々と掲げて、ここからは勇気を持って進んでいくステージに入っていくんです。

渋澤：「積み立てなんて儲からない」っていう話は本当に多く聞くけれど、それはフロー型ビジネスにとらわれているからですね。信託報酬は毎年ずっと入ってくるものですから、**残高が大きければ信託報酬が低くても安定的にきちんと収益を稼げるストック型ビジネス**なんです。

たとえば、個人金融資産1800兆円のうち現預金は1000兆円近く。その1割ぐらいが積み立て投資されたら残高は約100兆円ですよね。個人金融資産のスケールを考えたら、これまで現預金に置かれていたお金を投資に回そうとしているつみてNISAって、業界にとってはとてつもなく大きなチャンスですよ。もちろん、**お客さまにちゃんとリターンをお返しできることが大事**で、それができれば金融業界とお客さまがウィンウィンの関係になれるはずです。

だから、金融機関にとってもお客さまにとってもハッピーという状況が生まれて、それによって積み立て投資が根付くというのが本来のあるべき姿ですね。

中野：大手の金融機関では経営者が2年くらいで代わってしまうので、長期的な目線でビジネスを描けない難しさはあるんでしょうけどね。スケールを見る想像力が欠如してしまっているんです。だからこそ、草食投資隊が業界の人に格好いい背中を見せないと。もちろん、驕っちゃダメですけどね。

それからもう1ついっておきたいのは、**金融庁の今回の動きを皆さんには素直に受け止めてほしい**ということです。これまで霞が関の官僚は「国民のためといいながら、自分たちの利益のために制度を作っている」といわれがちでしたし、確かにそれは否定できない面もあります。

でも、つみたてNISAは**金融庁の方たちが「生活者が豊かになることこそ我々の存在意義だ」という熱い気持ちを持って本気で作った制度**なんですよ。僕は金融庁の方と直に話してそれを実感しています。だからこの流れには素直に乗ってほしいですし、そういう人ほど報われるはずだと思っています。

日本では「投資から貯蓄へ」の逆流が起きている

中野：しかし、昔と今ではずいぶん環境が変わりましたよね。僕らは10年も前から「長期積み立て投資」を金科玉条として生活者の行動の絶対的正義に据えてきたわけです。ロジックもとっぱらってしまって、**「積み立て投資は誰でもできて、誰でも続けられて、誰でも幸せになれる」**ということを文化として発信してきました。でも、当時は積み立て投資ってまったく一般的ではなくて、そんなことをいう金融機関はなかったし、それどころか僕らが少額の積み立て投資を勧めていることに対して業界ではずいぶん「バカだ」といわれました。

藤野：それは本当にいっぱいいわれたよね。

渋澤：「エラいですねぇ」なんていわれたりもしたけど（笑）。

中野：**大手証券会社の常務には「積み立て投資は、百歩譲っても最低で月5万円から。それ以上出せないなら客じゃない」といわれました。**「客じゃない人を相手にするの、大変だね」って。それが業界のスタンダードなカルチャーだったんです。それが今、これだけ積み立て投資が注目されているんですから、**10年で大きなパラダイムシフトが起きた**といっていいと思います。

藤野：でも、マクロでいえば僕らの動きって「点」か「短い線」くらいでしかないということもいえます。まだ「面」にはなっていないと思うんです。個人金融資産が膨張していて1800兆円もあるのに、そのうち現預金が1000兆円近くを占めているわけですから、**「貯蓄から投資へ」という話が少しは進んだかのように感じても、全体像を見ると「投資から貯蓄へ」の流れが進んでいる**んです。

この背景には**「マイナス金利」と「マイナンバー」**という2つの要素があると思っています。これまで投資をしていた人が株を売却して、それをタンス預金にしているんでしょう。

確かに、草食系投資が徐々に広がってきている現状には「よかったな」という思いもあるけれど、日本全体でいえば、課題はむしろ増えているという状況なのかもしれないですね。

渋澤：本来であれば、異次元の金融緩和が実施されている環境では、教科書的にとるべき行動とは「現金で持っているのは不利だからほかの資産に移しましょう」ということになるはずだったんですけどね。蓋を開けたら**まさに「異次元」で、お金の価値を下げているのに、現金が増えてしまっている**んですね。

長期積み立て投資で持つ社会とのつながり

渋澤：投資ってどうしても「お金儲けのため」って考えられがちですが、長期積み立て投資を根付かせるためにも、**投資をすることで社会とつながりを持つこと、社会の当事者であることの意味や楽しさをもっともっと広げていきたい**ですね。

中野：それこそ、草食投資隊が発信し続けているメッセージの「ど真ん中」ですよ。これまで、そういう青臭い話をずっと言い続けてきましたよね。それでいうと、つみたてＮＩＳＡは「長期資産形成」という観点でどうしても「現役世代が将来に備えるための制度」としてフォーカスされていますが、定年退職した高齢者の人にこそ長期積み立て投資をしてほしいと思います。**「人生１００年時代」**ですから、**60代、70代、80代の人でも長期投資はできる**んです。

それに、今お金を持っているのは高齢者です。そのお金を預貯金に寝かせておくのは社会にとっての損失ですから、**「自分のお金を社会のために動かそう」**という意識を持ってほしいんです。高齢者は、何もせずお金を抱え込んだままでは「社会に生かされている」存在になってしまいます。そうではなくて、**次世代のためにお金を動かし、社会とつながりを持ち続け、社会の当事者であり続けることが大切ですし、それは実際にやってみれば、とても有意義で楽しいこと**だと思います。

それでいうと、投資経験のある高齢者の方はこれまで毎月分配型の投信を買っていた人が多いはずですけれど、本書でも説明したように毎月分配型投信は運用効率を下げてしまいますし、経済的合理性はありません。それなのに毎月分配型が高齢者から大人気だったのは、「毎月、分配金を受け取れるのが楽しみ」「社会から切り離された寂しさが埋められる」という理由で、はっきりいってしまうと**金融業界はそうした孤**

独感につけこんで商売をしてきたんです。

「分配金を受け取るのがうれしいだけで、それを使うわけではない」という人も多いんですが、それはせっかく投資したお金を「死んだお金」に戻してしまうことですからね。

僕は高齢者の方には、持っているお金をきちんと長期投資することで社会に役立て、投資を通じて社会に貢献し続けることで楽しさや生きがいを感じてほしいと思っています。

藤野：使う予定もないのに分配金を受け取っている人が多いんですよね。もちろん、リタイア世代なら「お金を長期投資しながら必要な分を取り崩して使っていく」という考え方はアリです。だから、**投信で運用しながら一定額ずつ解約していく仕組みはあっていい**と思いますよ。

渋澤：僕たちはお客さまとセミナーなどでたくさん接点を持っていますし、メールや封書での報告やご挨拶もして、世の中がどんなふうに動いているのかといった情報もお届けしています。こういうセゾンやひふみやコモンズとのお付き合いで「社会とのつながり」を感じてもらいたいと思います。何より、分配金を「もらう」ことで世の中とつながりを感じるというのは寂しいじゃないですか。積み立て投資で社会にお金を回す、つまり**「与える」ことで世の中とつながる**ほうが、ずっと豊かな気持ちになれますよ。

中野：だから、リタイア層にもつみたてＮＩＳＡの意義を伝えていくことが大事です。金融業界では「投資経験があってまとまったお金で毎月分配型を買ってくれているような顧客に、つみたてＮＩＳＡを勧められるはずがない」という人ばかりですが、これはある種の思い込みなんですよ。本当にお客さまのことを考えるなら、年齢に関係なくつみたてＮＩＳＡを提案すべきです。

毎月分配型投信を売り続ける金融機関は「お客さまのニーズがあるから提供している」といいますけれど、それは本当の顧客ニーズなのかということを真剣に考えるべきでしょう。**「分配金が欲しい」というのはある種の中毒のようなもの**で、合理性のない商品をセールスして顧客を中毒にしてきた金融機関の責任は大きい。本来、よくないものはダメだといって取り上げることこそ「顧客本位」ですから、**フィデューシャリー・デューティーをまっとうするという観点では、毎月分配型を売らないという金融機関も出てくるはず**ですよ。

「投資のある生活」を始めてみる

渋澤：2010年に草食投資隊を結成したときに本を出しましたが、それを読んで投資を始めてくれた人は**「あのときに始めておいてよかった」**と思ってくれているはずです。だから、この本を手にとってくださった人には、ほんの少額からでもいいのですぐに積み立て投資を始めてほしいんです。**長期投資のメリットは運用期間が長いほど大きくなりますが、投資できる時間は毎日減っていくもの。**1日でも早く始めることが大事ですし、やらないのはもったいないと思います。3社全部で始めてもらえたらうれしいですけれど（笑）、もちろんどこか1社でもいいので、迷わずスタートしてください。

中野：「いつ投資を始めればいいですか？」ってよく聞かれますけれど、**積み立て投資ならタイミングを考える必要はありません。**やらない理由を考えて言い訳をするのはやめて、すぐ始めてほしいです。

藤野：誤解のないように付け加えると、**投資には、0から100までのグラデーショ**

ンがあるんですよ。多くの人は100を現預金にしていて投資は0になっているわけですが、どうも「投資をする」というと現預金0で投資を100にするといった極端なイメージを持つ人がいるみたいなんです。僕たちは「持っているお金を全部投資すべきだ」なんてバカなことをいっているわけではなくて、少しだけグラデーションを持たせること、**まずはほんの一部でも投資に回して「投資のある生活」を始めてみる**ことを勧めています。投資をすれば資産が減ってしまう場面もあるものですが、持っているお金の一部だけを投資に回す分には生活に大きな影響を与えることはありません。

僕は、投資を初めてやるという人には**「自分の資産の10%くらいを回してみましょう」**といっています。たとえば100万円持っていたら、10万円。いきなり10万円が難しいなら、1万円でも2万円でもいい。少しずつ投資にシフトしていけばいいといと、「それならやれるかな」という人が多いんです。

中野：藤野さん、控えめですね。僕は30%といっていますよ。

藤野：最初のハードルが高いと感じてしまうと、動けなくなってしまう人もいますからね。

渋澤：じゃあ、僕は20％っていうようにしようかな（笑）。

中野：**アメリカは個人金融資産の半分以上が投資に回っていますし、ヨーロッパも3割くらい**ですから、「せめてヨーロッパ並みには」と考えると30％というのが目安かなと思っています。でも、まず10％から始めるのでもいいと思います。それでも世の中に変化を起こすには十分ですし、いったん世の中が変わり始めればみんないっせいに変わるんじゃないですか。

藤野：投資って、知らないから怖いと思ってしまっているだけなんですよね。

中野：みんな新しいことをやるのを避けようとしますよね、変化を嫌うというか……。

藤野：今、**「コミットしたくない症候群」**ってあると思うんです。「家を買いたくない」「結婚したくない」「子どもを持ちたくない」とか、消費するのでもいい家具を買って10年もたせるより、「安いものを買って3、4年もてばいい」「当座のものがあればいい」という感覚があるんです。要するに、長期のものにコミットすることに抵抗があるわけです。

だから、僕は新しいお客さまには「すぐ解約できますよ」といっています。投資が怖いと感じる理由の1つは、保険みたいに「一度始めたらちょっとやそっとじゃやめられないんじゃないか」というイメージのせいもあるんだと思って。実際には、**投信って始めた次の日にだって解約できる**ものですから、定期預金よりも気軽に始められるんです。

それで「そうか、いつでもやめられるんだ」とわかって積み立て投資を始めると、今度は日本人って変化を避けがちなので「一度始めたらなかなかやめない」ということになります。結果的に解約せず長期投資ができて、お客さまにとってもいい結果になると思います。

中野：確かに、「投資信託って満期はいつですか?」ってよく聞かれるし、「お金はおろせますか」っていう質問も多いですね。ちょっと反応が鈍い**ATMと同じようなもの**だと思ってもらっていいと思うんですけど、そこの理解が進んでいないのは大きいかもしれないですね。

幸せのための宝箱に少しずつお金を貯める発想

渋澤：でも、「いつまでが長期投資ですか?」って聞かれたら「エンドレス」って答えるけど。

藤野：もちろん僕も、**長期投資はずっと続けてほしい**と思っていますよ。でも、「いつでもやめたり休んだりできます」と伝えてあげるのは、「コミットしたくない症候群」の人にとっては背中を押すポイントになるんです。

僕は「コミットしたくない症候群」の人も、**意外に社会へのちょっとしたコミットメントをしたがっている気がする**んです。「何かはしたいけど何をすればいいかわからない」という人はたくさんいるでしょう。だから、僕らの仕事は世の中の人に「ちょっとだけ社会にコミットしませんか」ということでもあると思っていて。長期投資をすれば社会とのつながりを持つことができて、渋澤さんがいうように「与える」ことで社会を変えていくこともできるんだ、というメッセージですね。

渋澤：確かに「ガッツリ投資しよう」といわれると、全面的にコミットするのは嫌だとなって躊躇するかもしれないですね。実際は、毎月5000円、1万円ずつでいいんです。

中野：ただ1ついっておきたいのは、いつでもやめられるし余裕がないときは休んでいいんですけれど、**お金を使う予定もないのに利確（利益の確定）のために売ってし**

まうというのはもったいないからしないでほしいんです。

藤野：利確と損切り（損失の確定）って、儲けを限定させたり損を確定させることですからね。それをやって喜ぶのは、売買で手数料を受け取っている金融機関だけです。

中野：「値上がりしたから売る」とか「値下がりして怖いから売る」というのは、どっちももったいないし、それでは長期投資で幸せにはなれません。利確や損切りをする人が後を絶たないのは、値動きに対する不安が拭えないからなんでしょうね。

値段が下がったからと積み立てをやめるのも、値上がりしたからと積み立てを増額するのも、「安いときに多く買い、高いときは少なく買う」という積み立てのメリットを帳消しにしてしまいますから、合理的ではありません。結局、**積み立て投資は同じリズムで長く続けることが一番大事**だということを肝に銘じておいてほしいです。

渋澤：みんな、将来に対して漠然とした不安があると思うんです。だから「将来、幸せになれる宝箱」があったらいい。積み立て投資というのは、**将来の幸せのために宝箱の中にチャリンチャリンと少しずつ貯めていく**ことです。そしてその間、「宝箱の中は今どうなっているか」を気にするのはやめること。毎日のように何％上がったとかいくら儲かっているとか損をしたとか追いかけていると、落ち着かないですからね。**ときどき開けてみて「あぁ、こんなに幸せが育っているんだな」って確認**するくらいで十分ですよ。

中野：もちろん、**何事も続けていくのは忍耐力も必要になる**ものですけれど。

渋澤：でも、草食投資隊もそうですが、続けられることって幸せですよ。どんなことにもいいときも悪いときもありますが、振り返ってみるとやっぱり「続けてこられた」ことがうれしいなと感じます。

どんどん広がるコミュニティ

渋澤：草食投資隊としてこれまでやってきて幸せだなと思うのは、お客さまにリターンをお返しできたことだけじゃないですよね。お客さまとご縁を持てて、つながれていることが一番うれしい。草食投資隊を応援してくださる方はどんどん増えていて、**日本全国にコミュニティ**ができています。僕たち、本当に幸せですよ。

中野：SNSの時代になって、草食投資隊を応援してくれる人同士が長期投資仲間としてつながりやすくなっていますしね。草食系投資を通じて北海道の人と九州の人が友達になった、といった話もたくさんありますよ。

僕は、**資産運用商品を提供する側はあくまで裏方で、生活者の皆さんのお金をお預かりしているだけであって、そのお金を投資している人たちこそ主役**だと思っています。主役が気持ちよく経済活動に参加するためのベースを作るのが草食投資隊の意義だといってもいい。そういう謙虚な気持ちが金融に携わる人間には必要だし、草食投資隊の3人に共通する思いでもありますよね。

藤野：そういう草食投資隊ならではのつながりって、実は**地方銀行の人たちの間でも広がっているん**ですよ。僕たちの投信を買ってくれている人には、実は金融業界で投信販売にかかわっている人も多いんです。これからそういう人たちも僕らと同じ意識を持って取り組んでくれたら、また一歩、長期積み立て投資が広がるかもしれないと期待しています。

おわりに
リーダー渋澤健からご挨拶

最後までお付き合いくださった皆さま、どうもありがとうございます。草食投資隊を代表し、心より御礼を申し上げます。

読者の皆さんの中には、なぜ別々の投信会社を代表する私たち3人が草食投資隊として共に行動してきたのか、不思議に思う方もいるでしょう。

答えは簡単で、私たち草食投資隊は、長期積み立て投資を全国の皆さんに広めることを**「共に畑を拡大する」**ことだと思っているからです。

ガツガツせずに、共生するエコシステム（生態）をじっくりと作り上げるのが、真の草食系投資です。見知らぬふりをしたり、妥協したり、引きこもりながら、共存しているのではありません。あくまでも、目線を高く置き、大地にしっかりと足を着けながら、共に生きる、共生です。

私たちは、それぞれ別の会社を代表しており、立場は異なります。運用の手法も投資先にも違いがあります。しかし、**草食投資隊を通じて未来をよりよいものにしたいという思い、そのためにご縁を広げていきたいという目的を共有**しているのです。

ですから、2010年から草食投資隊として3人で活動をしてきて**私たちの大きな財産となっているのは、全国にできた草食投資隊のコミュニティ**です。

草食投資隊は、多くの方に大変温かく支えていただいて活動してきました。中には、地元で参加者を募ってくださる方や、草食投資隊のセミナーのために個人的に会場を押さえて私たちを呼んでくださる方などもいらっしゃいます。

最近、関西で草食投資隊のセミナーを開催した際、熱心な「応援団」としてわざわざ東京から参加された方に、

「私たち草食投資隊はいつも同じ話しかせず、変わらなくて申し訳ないです」

と謝りました。

そういうと、その方は笑顔で、

「それを確認しに来たんですよ！」

とおっしゃるのです。

このように、帯広、盛岡、金沢、富山、名古屋、大阪、広島、福岡など各地で開催する草食投資隊セミナーに他の地域から駆けつけてくださる方は少なくなく、そういった方と開催地の方との間でつながりが生まれることで、さらに草食系投資のコミュニティは広がっています。

これほどのコミュニティができたことは、私たちが誇れる実績だと思っています。

私たちは、**投資は特殊な人が特別な能力を発揮してやるものではなく、普通の人が日常の中でやっていくもの**なのだという世界観を作りたいと思って活動してきました。

そして今、実際に草食系投資のコミュニティに集まっているのは、皆さん「普通の人」たちで、日常の中で投資を実践されています。草食投資隊が目指した世界観が少しずつ広がってきているのです。

皆さんもきっと、この本を通じて、投資は身近で素敵なものだということを感じてくださったのではないかと思います。ご自身や子どもたちの未来のために、本書をきっかけとして草食投資仲間になっていただければ、これほどうれしいことはありません。

いつか皆さんとお会いできる日を楽しみにしています!

草食投資隊

本書は特定の金融商品の推奨や投資勧誘を意図するものではありません。最終的な投資の判断は、最新の情報を確認し、ご自身の判断と責任で行ってください。

本書は2010年4月に刊行された『運用のプロが教える草食系投資』を文庫化にあたって改題の上、大幅に加筆・修正したものです。

日経ビジネス人文庫

人生《じんせい》100年時代《ねんじだい》のらくちん投資《とうし》

2017年12月１日 第1刷発行
2018年１月19日 第2刷

著者
渋澤 健
しぶさわ・けん
中野晴啓
なかの・はるひろ
藤野英人
ふじの・ひでと

発行者
金子 豊

発行所
日本経済新聞出版社
東京都千代田区大手町1-3-7 〒100-8066
電話(03)3270-0251(代) http://www.nikkeibook.com/

ブックデザイン
鈴木大輔（ソウルデザイン）

印刷・製本
凸版印刷

Printed in Japan ISBN978-4-532-19843-5

nbb 好評既刊

渋沢栄一 100の訓言

渋澤 健

企業500社を興した実業家・渋沢栄一。ドラッカーも影響された「日本資本主義の父」が残した黄金の知恵がいま鮮やかに蘇る。

渋沢栄一 愛と勇気と資本主義

渋澤 健

渋沢家5代目がビジネス経験と家訓から考える、理想の資本主義とは。『渋沢栄一とヘッジファンドにリスクマネジメントを学ぶ』を改訂文庫化。

渋沢栄一 100の金言

渋澤 健

「誰にも得意技や能力がある」「目前の成敗は人生の泡にすぎない」――日本資本主義の父が遺した、豊かな人生を送るためのメッセージ。

投資レジェンドが教えるヤバい会社

藤野英人

6500人以上の社長に会い、成長企業を発掘してきたファンドマネジャーが明かす「68の法則」。会社の本質を見抜くヒントが満載！

チャールズ・エリスが選ぶ「投資の名言」

チャールズ・エリス
鹿毛雄二＝訳

ケインズからバフェットまで、投資判断に迷った時や「ここぞ」という時に勇気と知恵を与えてくれる、天才投資家たちの名言集。

nbb 好評既刊

数字は見るな！3つの図形でわかる決算書超入門
田中靖浩

数字との付き合い方や学び方をエッセイ風に楽しく紹介し、決算書の読み方を単純な3つの図形でわかりやすく教えます。

通貨燃ゆ
谷口智彦

戦争、ニクソンショック、超円高、円圏構想や人民元論議まで、通貨をめぐる大きな出来事の裏にある国家間の熾烈なせめぎ合いを活写。

株式投資　これだけはやってはいけない
東保裕之

ちょっとしたことに気をつければ株式投資のリスクは減る。注文の出し方から株価指標の見方、信用取引まで「株式投資べからず集」。

株式投資　これだけ心得帖　文庫増補版
東保裕之

株式投資で勝ち組になるために不可欠な72のこだわりを、相場のプロが問答方式で語る。一時間で読めて一生役立つ株の本。

あなたがお金で損をする本当の理由
長瀬勝彦

きちんと考えて選択した賢い買い物にこそ、意外な落とし穴が!?　意思決定論のプロが、損をしないための実践的知恵を伝授します。

nbb 好評既刊

外資の常識
藤巻健史

伝説のカリスマディーラーが誰も語らなかった外資企業と金融市場の素顔を明かします。ギャグ満載のデビュー作ついに文庫化。

「人口減少経済」の新しい公式
松谷明彦

人口増加のエネルギーを失った日本が向う先は？　人口を軸に日本経済の未来を予測。縮小する世界での生き方を問うたベストセラー。

ビジネスマンのための情報戦入門
松村　劭

玉石混交の中から、確度の高い情報をどう選び、戦いに生かすか。戦争研究の第一人者がビジネスマン向けに「作戦情報理論」を伝授。

ドルリスク
吉川雅幸

サブプライムローン禍に始まった世界的金融危機。基軸通貨ドル体制のゆくえは終焉か、それとも!?　ドルのリスクシナリオを描く。

ニュースと円相場で学ぶ経済学
吉本佳生

景気、物価、貿易……これら毎日の経済ニュースによって円相場は動いている。マクロ経済学の知識が身につく人気の入門書を文庫化。